오늘부터
말공부를
시작합니다

오늘부터
말공부를
시작합니다

나를 높이는 말하기 수업

김선에스더 지음

RHK
알에이치코리아

외국어공부보다 중요한
말공부

"남편 하나 만족시키지 못한 힐러리가 과연 미국을 만족시킬 수 있겠나?"

"멕시코 정부는 문제 많은 사람들을 미국으로 보내고 있다. 이들은 마약을 들여오고, 범죄를 일으키며, 강간범이다."

"게으름은 흑인들이 갖고 있는 특성이다."

"조지 워싱턴? 토머스 제퍼슨? 그게 누군데? 링컨을 제외하고 나만 한 대통령이 없다."

전 세계에서 가장 막강한 영향력을 가진 사람, 바로 현 미국 대통령 도널드 트럼프의 막말들입니다. 인터넷에는 그의 막말 어록이 일종의 유머처럼 떠도는 상황이죠. 무례하고, 자아도취에 빠져 있으며, 편견으로 가득한 그의 말들을 듣다 보면 현기증이 날 지경입니다. 비단 트럼프뿐일까요. 우리나라에도 '막말' 하면 떠오르는 유명인이 몇이나 있습니다.

이렇게 막말을 하는 사람의 지위와 영향력이 크면 클수록 그 파장은 더 커질 수밖에 없는데요. 문제는, 원색적인 이야기를 큰 목소리로 내뱉는 사람은 어디서나 눈에 띄기 때문에 대중의 호불호가 확실한 '스타'가 될 수 있다는 점입니다.

유명인이 아니더라도, 우리 주변에는 이 점을 이용해 집단 내에서 스타가 되려는 사람들이 꽤 많습니다. 목소리 크고 말재주 좋은 사람들이 자기 유리한 대로 말을 어지럽게 사용하는 경우가 적지 않죠. 사람을 함부로 대하고 말로 굴복시킴으로써 우월감을 느끼는 이런 방식은 꽤 성공적이어서, '나도 저렇게 말해야 하나?' 하는 생각마저 들게 합니다.

내가 제어할 수 있는 사람은
나 자신뿐

그러나 세상 탓만 하기엔, 우리 자신도 함부로 말하는 습관에서 크게 자유롭지 못합니다. 상대의 이야기를 제대로 듣지 않고 막 뱉어버린 말, 전혀 그럴 뜻이 아니었는데 본심과 다르게 나와버린 말 때문에 후회한 적이 얼마나 많았던가요. 이런 말하기 습관을 대체 어디서부터 어떻게 고쳐야 할지 난감하다는 분을 참 많이 만났습니다.

함부로 말하는 습관을 방치하면, 막말을 넘어서 폭언, 폭행까지 이어질 수 있어요. 막말을 들은 사람들은 자존감이 무너지고 돌이킬 수 없는 상처를 입습니다. 급기야 이는 분노로 연결됩니다.

'나도 당하지 않으려면 똑같이 받아쳐야 해.'

결국 이런 생각을 하지 않을 수 없는 것입니다.

정말 이것이 답일까요? 저는 아니라고 생각합니다.

그렇다면 어떻게 말해야 할까요? 묻지 않을 수 없습니다. 저는 막말에 막말로 맞받아치는 것이 아니라, 나 스스로를 지킬 수 있는 '성숙한 인격' 그리고 '사람을 성장시키는 말'에 집중하는 것에서 그 해답을 찾고자 합니다.

물론 세상에는 상대에게 함부로 말하고 상처 주는 사람들이 분명히 존재해요. 이 책에서는 이들을 어떻게 대해야 할지 그 팁을 다루기도 했지요. 하지만 이 책의 근본적인 목적은 상대를 바꾸려 하거나 공격하지 못하도록 제어하는 것이 아니라, 우리가 할 수 있는 일에 집중하는 것입니다.

기본을 지키고 정석대로 말하는 데 에너지를 사용해야 합니다. 상대가 막말을 하든 반칙을 하든 말의 기본에 집중함으로써 스스로를 성장시키고 타인에게 선한 영향력을 끼칠 수 있어야 해요. 내가 변하면 가족이 변하고, 내가 속한 집단이 변합니다. 변화가 변화를 만들죠! 이를 위해서는 먼저, 내가 제어할 수 있는 사람은 나 자신뿐이라는 점을 명확히 인식해야 합니다.

좋은 말의
강력한 힘

"어떻게 말할까요?"

참 별것 아닌 것처럼 보이는 이 질문이 바로 제 인생의 화두입니다. 왜 이렇게 제대로 말하고 소통하는 것이 어려울까 하는 오랜 고민에서 말하기를 향한 공부와 연구가 시작되었거든요.

저의 첫 직업은 아나운서였어요. 한때 뉴스도 진행해보고 쇼 무대에도 서면서 저 스스로를 둘째가라면 서러울 정도로 말 잘하는 사람이라고 믿게 되었죠. 그 시절, 제게 중요한 것은 바르고 정확한 화법, 경쟁력, 시청률, 성공적인 프레젠테이션 등이었습니다.

당시에는 제가 성공한 인생을 열심히 살아가고 있다고 생각했지만, 돌아보니 그때가 평화롭고 충만한 시절은 아니었다는 걸 알게 됐어요. 특히, 타인과 말로 주고받은 상처가 너무 깊다는 것을 깨닫게 되었습니다.

말로 인해 겹겹이 쌓인 상처를 매만지며 "그럼 지금부터 어떻게 다르게 말해야 하나?" 하는 의문을 갖게 됐어요. 그제야 비로소 제 인생을 돌아볼 수 있었습니다. 세상과 성공을 바라보는 나의 관점은 안녕한지, 사람에 대한 관심과 태도는 적절한지, 의미 있고 가치 있는 삶이란 과연 무엇인지, 어제보다 오늘 더 성장한 사람이 되려면 어떻게 해야 할지. 스스로에게 무수한 질문을 던지면서 많은 변화를 경험했죠.

이 책은 그러한 고민의 산물입니다. 어떻게 생각하고 어떻게 말할 것인지에 대한 연구의 결과물이자 실천서라고 보시면 좋겠어요. 실용적인 말하기 방법과 연습법을 균형 있게 다루었거든요. 또한 커뮤니케이션 공부를 하면서 알게 된, 말하기에 관한 의미 있는 연구와 이론 들을 쉽고 재미있게 가공해 싣기도 했습니다.

어떻게 말해야 할지를 고민하고 공부하는 것은 외국어를 익히는 것보다 중요한 일이라고 생각해요. 좋은 말은 막말이 난무하는 세상에서 나의 마음을 지켜주고 내 잠재된 능력과 가치를 극대화시켜줍니다. 최고의 나로 자신감 있게 살 수 있도록 해주고요. 타인을 살리고 함께 성장해나갈 수 있도록 만들어주기도 하죠. 말의 힘은 이다지도 강력합니다.

이 책이, 무엇이 정답인지 헷갈리는 시대를 살면서 누군가에게 말에 대해 묻고 싶을 때마다 꺼내볼 수 있는 친절한 매뉴얼이 되었으면 해요. 각 장의 내용은 유기적으로 연결되어 있지만 독립적으로도 읽힐 수 있으니, 자신에게 더 긴급한 부분부터 먼저 보아도 관계없습니다. 중요한 것은 어디부터 읽든 책의 내용을 자신에게 적용해보고, 언제든 그렇게 말할 수 있도록 연습하는 거니까요.

책대로만 하면 원하던 변화를 맛볼 수 있을까요? 네, 그렇습니다. 제가 그 산증인입니다. 저를 믿고 한번 따라 해보시길 바랍니다.

김선에스더

말의 수레바퀴를
그려보세요

'인생의 수레바퀴Wheel of life'에 대해 들어본 적 있나요? 이는 많은 코치들이 더 나은 삶을 살아가길 원하는 이들을 위해 사용하는 일종의 '인생 점검 도구'입니다. 그 내용은 코치들마다 조금씩 다르지만, 보통 커다란 원을 피자 자르듯 8등분한 후 거기에 각각 인생의 중요한 테마들을 써넣는 식으로 만들어요.

인생의 수레바퀴는 현재 자신이 어느 영역에서 만족하고 있으며, 그렇지 못한 부분은 무엇인지 분명히 인지하도록 해주는 효과가 있습니다. 삶의 밸런스를 맞추고 목표를 설정하는 데 더없이 소중한 도구죠.

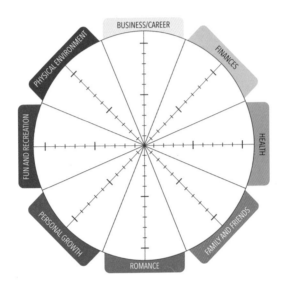

저는 이 도구를 말하기에 한번 접목해보았습니다. 그 결과, 아주 효과 좋고 실용적인 말하기 도구를 얻게 되었죠. 이른바 '말의 수레바퀴'입니다.

어떻게 말해야 할지 자신이 없고 난감할 때 이 도구를 사용해보세요. 말을 할 때 자신 있는 부분과 그렇지 못한 부분을 명확히 알게 되고, 그에 따른 말하기 전략을 세우는 데 아주 유용할 것입니다.

말의 수레바퀴
활용하기

저는 현재 우리나라의 한 대학원에서 '공대생을 위한 말하기 수업'을 진행하고 있는데요. 이 수업에서 언제나 학생들에게 '말의 수레바퀴'를 그려보라고 주문합니다. 학생들은 막연히 자신이 발표를 잘하지 못한다고 생각하고 사람들 앞에 나서는 것을 두려워하는데요. 이렇게 하면 자신이 어떤 부분에 자신이 있고 어떤 부분에 자신이 없는지, 이번 학기에 무엇에 집중해야 하는지 분명히 알게 됩니다.

방법은 간단해요. 먼저 하얀 종이를 한 장 준비한 다음, 거기에 큰 원을 그립니다. 그리고 앞서 보셨던 인생의 수레바퀴와 마찬가지로 이 원을 8등분합니다. 각 조각에는 내가 말하기에서 중요하다고 생각하는 요소들을 적어 넣습니다. 저의 경우, 8개 요소는 '발표 내용' '발성' '제스처' '스토리텔링' '자신감' '템플릿 만들기' '청중 사로잡기' '영어 발표'입니다.

다음은 각 조각에 스케일(N1~10) 선을 그리고 각각의 요소마다 내 현재 상태를 표시한 후 전체적으로 어떤 모양의 수레바퀴가 되는지 보는 것입니다. 이렇게 하면 자신의 영역별 상태를 알 수 있으며, 그중 비교적 자신 있는 것, 부족한 것 등을 한눈에 볼 수 있죠. 궁극적인 목표는 말하기의 여러

| 말의 수레바퀴 예시 |

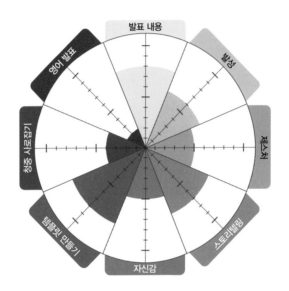

영역이 조화를 이뤄 균형 잡힌 안전한 수레바퀴를 만드는 것입니다.

말하기 전체를 하나의 덩어리로 생각해 '잘한다' '못한다' 할 것이 아니라, 문제를 조각으로 나누면 훨씬 다루기 쉬워져요. 부족한 부분을 찾아내 그 부분에 집중하면 되니까요.

어떤 상황에서든 자신의 상태를 객관적으로 말하는 것은 정말 중요한 일입니다. 자신의 현재 상태를 잘 아는 사람은 알 수 없는 불안감에서 벗어날 수 있으며, 남과 비교하거나 자신에게 공정하지 못한 기준을 들이대는 등의 끊임없는 자기 학대를 멈출 수 있으니까요.

인생 전체가
비관적일 리 없다

잠깐 다른 이야기를 해볼게요. 이런 원리는 인생에도 마찬가지로 적용됩니다.

"오늘 어떤 이야기를 나누고 싶으세요?"
"사는 게 너무 불행해요."

코칭을 위해 사람들을 만나 관심사를 물으면, 다짜고짜 부정적인 이야기부터 꺼내는 분들이 참 많아요.

하지만 인생에는 여러 영역이 있죠. 사회생활이나 금전 문제 같은 외적인 영역, 가족이나 친구, 연인 등 관계의 영역, 육체적·정신적 건강이나 여가생활, 내적 성장, 종교 같은 내면의 영역 등. 이렇게 다양한 인생의 영역들 가운데 어느 부분에 만족하지 못하는지 알아야 해법에 집중할 수 있겠죠.

그렇지 않으면 인생 전체가 문제로 보여, 뭘 해야 할지 도무지 알 수 없게 됩니다.

그러니, 지금부터라도 집중하고 싶은 영역을 골라 1~10까지 나누고, 각 영역의 만족 수준을 스케일로 말하는 연습을 해보세요. 그렇게 하면 인생 전체를 비관적으로 보는 대신, 현재 내 인생의 어느 부분에서 균형이 깨졌는지 알 수 있어요. 두렵고 불행하다고 느끼는 삶을 이런 방식으로 고요히 들여다보면 무엇을 해야 할지가 선명하게 보일 것입니다.

나만의 강점을
찾을 수 있어

다시 말하기로 돌아가 보겠습니다.

"저는 말하는 데 영 소질이 없어요. 너무 못 해요."

이렇게 말하는 학생들을 참 많이 만나는데요. 말의 수레바퀴를 해보면 알겠지만, 말하기에는 참 다양한 요소가 있고 그 가운데 단 하나도 못 한다는 것은 말이 되지 않습니다. 특히나 사람들 앞에서 말하는 걸 두려워한다는 이유 하나만으로 자신이 총체적으로 발표를 못 한다고 생각하는 사람은, 자신의 강점이 무엇인지 알 기회를 포기하는 것과 다름없습니다.

어느 날, 한 학생이 발표를 하는데 시작은 좋았으나 얼굴이 점점 붉어지더니 마지막에 가서는 목까지 빨갛게 변해버리는 일이 있었어요. 발표가 끝나자, 저는 그 학생에게 이렇게 피드백을 해주었습니다.

"전달력이 좋고, 사람들을 차분하게 집중시키는 능력이 있네요."

제 말에 다른 학생들도 동의를 하며 칭찬을 쏟아내자, 그 학생은 갑자기 울음을 터트리고 말았어요. 평소 '발표 울렁증'이 있던 그는 오직 그 문제에만 사로잡혀 자신이 잘하는 것이 있으리라고는 생각지도 못했던 것이죠.

그날 자신의 커다란 강점을 발견한 그에게, 발표 울렁증은 극복할 만한 크기로 작아졌다고 합니다. 반대로 자신감은 커졌고 표정도 밝아졌죠.

말의 수레바퀴 같은 도구는 자신을 바로 보게 하는 힘을 선사합니다. 자기 자신에 대해 더 잘 알게 하고, 발전하기 위한 일에 집중하게 해주죠. 무엇보다, 사람을 병들게 하는 다른 사람과의 비교로부터 자유롭게 해주고 어제보다 나은 사람이 되고 싶게 만들어줍니다.

말하기에 자신이 없는 분들, 남들 앞에 나서길 꺼리는 분들, 자신의 말하기를 객관화하고 싶은 분들은 말공부를 시작하기에 앞서 꼭 이 '말의 수레바퀴'를 그려보세요. 나아가 '인생의 수레바퀴'도 함께 그려보셨으면 합니다. 말하기도, 인생살이도 더 잘 해나가려면 중간 점검이 반드시 필요하니까요.

1장 · 마음의 소리까지 들을 수 있다면

2장 · 질문 하나로 사람이 바뀔 수 있다니

3장 · 긍정적으로 말하면 뇌도 건강해져요

4장 · 말하기를 바꾸니 문제가 술술

5장 · 삶에 빛이 되어주는 말의 기술

1장 · 마음의 소리까지 들을 수 있다면

잘 듣기만 해도
대화의 절반은 완성

《반지의 제왕*The Lord Of the Rings*》과 더불어 세계 3대 판타지 동화로 꼽히는 《나니아 연대기: 사자, 마녀 그리고 옷장*The Chronicles of Narnia: the Lion, the Witch and the Wardrobe*》의 한 장면을 들여다볼까요?

잠시 동안 사라진 막냇동생 루시가 나니아에 다녀왔다는 말을 듣고, 피터와 수잔은 말도 안 되는 이야기라고 생각합니다. 그것도 옷장 문을 통해서라니! 그곳의 시간은 잉글랜드와 다르게 흐르며, 거기서 양쪽 이마에 뿔이 달린 반인반수半人半獸의 툼누스와 차까지 마시고 왔다는 루시의 말에 언니와 오빠는 동생이 지나치게 상상력이 풍부한 건지, 제정신이 아닌 건지 알쏭달쏭하기만 합니다. 한편으로는 너무나 염려스럽죠. 심술꾸러기 에드먼드는 아예 작정을 하고 루시를 놀려 먹기도 하고요.

아이들은 이 문제를 부모님께 알리기 전에 디고리 교수와 상의하기로 합니다.

아이들은 조심스레 디고리 교수의 서재 문을 두드립니다. 교수는 "들어와요"라고 부드럽게 대답하고는, 자리에서 일어나 아이들에게 의자를 내줍니다. 그러고는 편하게 이야기하라고 말하죠.

교수는 양 손가락 끝을 맞댄 채 아이들의 이야기가 끝날 때까지 한 번도 끼어들지 않고 묵묵히 듣기만 합니다. 심지어 이야기가 끝난 뒤에도 한동안 아무 말도 하지 않았어요. 그러다 마침내 목청을 가다듬고는 아이들이 생각지도 못했던 질문을 꺼내기 시작합니다.

"너희는 루시의 얘기가 사실이 아니란 걸 어떻게 알 수 있니?"

"어, 그건…."

수잔이 말을 하려다 멈춥니다. 이 노 교수의 표정이 너무나 진지했기 때문이죠.[1]

상대와 온전히
함께한다는 것

경청Active Listening이란 상대가 말하는 것 혹은 말하지 않는 것에 완전히 집중하는 능력을 뜻합니다. 말하는 사람의 의도를 이해하고 그 의사 표현을 지지하는 것이죠.[2]

디고리 교수의 모습을 한번 찬찬히 살펴보세요. 그는 아이들을 반갑게 맞이하는 한편 아이들이 편안하고 자유롭게 이야기할 수 있는 분위기를 마련해주죠. 양 손가락 끝을 맞댄 채 경청하는 모습에서 이 아이들의 이야기를 진지하게 듣고 있다는 사실, 아이들을 꼭 돕고 싶어 하는 진심을 알 수 있습니다. 그런 그와 함께 있는 아이들은 디고리 교수에게 신뢰감과 안정감을 느낄 테고요.

만일 디고리 교수가 "내 평생 학생들을 가르쳐왔지만, 이런 황당한 이야기는 처음이다"라고 말했다면, 어땠을까요? 아이들의 꿈과 모험, 성장 모두 멈춰버리지 않았을까요? 하지만 디고리 교수가 진지하게, 진심을 다해 루시의 입장에서 이야기를 들어준 덕분에 이날의 대화는 순조롭게 이루어질 수 있었습니다.

누군가가 내 말을 경청하고 있다고 느끼는 순간, 우리는 마음의 문을 열고 상대와 제대로 된 대화를 나누게 됩니다. 말을 하면서 점점 더 깊이 내 마음속을 들여다보게 되고, 그러다 보면 자신도 미처 몰랐던 새로운 사실을 깨닫기도 하죠. 의식적으로든 무의식적으로든 숨겨진 속마음을 알게 되었을 때 사람은 변화하기 시작합니다. 그날 디고리 교수와 대화한 아이들도 틀림없이 생각의 키가 한 뼘 더 자랄 수 있었을 거예요.

디고리 교수처럼 경청을 잘 하는 사람은 말하는 사람과 온전히 함께할 줄 압니다. 여기서 '온전히 함께'라는 말은 물리적으로 함께하는 것만을 의미하지 않아요. 말의 내용, 음성, 톤, 표정 등에 공감하며 마음과 마음이 만나야 한다는 것을 뜻하죠.

사실 여기에는 특별한 기술이 필요하지 않습니다. 필요한 것이라곤 오로지 시선과 마음을 상대에게 집중하고 그의 이야기를 듣는 자세뿐입니다.

우리는 의례적인 격려나 진심 없는 위로, 영혼 없는 대화의 공허함을 잘 압니다. 이런 대화로는 사람을 변화시킬 수 없어요. 사람은 누군가가 진심으로 자신과 함께하고 자신의 말을 비판 없이 받아들인다고 느낄 때, 마음의 문을 활짝 열게 되어 있어요. 그 변화의 순간을 놓치지 않고 대화를 이끌어가는 것이 바로 좋은 대화를 위한 첫걸음입니다.

7-38-55 법칙을
기억하세요

　경청을 잘 하기 위해서는 상대가 말하는 것 외에 말하지 않는 것까지 들으려는 노력과 훈련이 필요합니다. 사람들이 하는 말을 귀로 듣는 데 그치면, 놓치는 것이 너무나 많아요. 사람들은 자신의 속마음을 드러내놓고 말하지 않을 때가 많고, 말하면서도 자신의 진짜 마음을 모르는 경우가 더러 있기 때문이죠. 그러니, 섣불리 말하기 전에 상대의 말을 잘 듣고 자신이 제대로 이해했는지 확인하는 것이 좋습니다.

　그렇다면 어떻게 해야 경청을 잘 할 수 있을까요? 잘 듣기 위해서는 눈과 귀는 물론 본능적인 직감까지 동원해야 합니다. 상대가 하는 말의 내용뿐만 아니라 말투, 목소리나 억양까지 신경 써야 하며, 말할 때의 표정과 자세, 몸짓까지도 살펴야 하죠.

　심리학자 앨버트 메리비언Albert Mehrabian은 사람이 상대와 얼굴을 보고 대화를 나눌 때 의사 결정에 영향을 주는 요소로 세 가지를 꼽았습니다. 첫 번째는 '말의 내용'으로 비중은 7퍼센트, 두 번째는 '목소리'로 비중은 38퍼센트, 마지막으로 '보디랭귀지Body Language'는 55퍼센트의 영향을 미친다고 해요.[3]

이른바 '7-38-55 법칙'입니다.

> 아들 아빠! 이번 주말에 여자친구를 집에 데려와도 될
>   까요?
> 아버지 어- 그래.

과연 아버지는 허락을 한 것일까요? 분명 "어- 그래"라고
말은 했지만, 억양이나 말투에 따라 흔쾌히 승낙한 것으로
볼 수도, 마지못해 대답한 것으로 볼 수도 있을 거예요. 그래
도 확실하지 않으면, 얼굴 표정을 살피면 됩니다. 말과 목소
리, 표정이 조화를 이루지 않을 때 상대의 진심을 살피는 결
정적인 힌트는 보디랭귀지에 있으니까요.
　보디랭귀지에는 그 사람의 감정과 태도가 묻어납니다. 대
화 상대가 대답은 적극적으로 잘 하는 것 같은데 의자를 뒤
로 뺀 채 나와 멀리 떨어져 앉아 있다면, 그는 나와 대화하기
귀찮거나 싫은 상태인 겁니다. 그러다 그가 점점 의자를 당
겨 앉고 상체를 앞으로 숙인다면, 내 이야기에 흥미를 느끼
기 시작한 것으로 볼 수 있죠.
　앞의 대화에서도 만약 아버지가 "어- 그래"라고 하면서 환
한 미소를 짓거나 아들을 향해 몸을 가까이했다면, 아들의 여

자친구에 대해 궁금해하며 호의적인 태도를 갖고 있다고 보아야 할 것입니다. 그러나 당황한 표정을 짓거나 시선을 회피하며 아들로부터 몸을 돌렸다면, 아들의 여자친구를 만나는 것이 부담스럽거나 싫다는 것으로 해석해야 할 것입니다.

침묵은 또 다른
대화의 시간

흔히들 저 같은 '코치'는 '좋은 말을 많이 해주는 사람'이라고 생각하는데, 그것은 정말 큰 오해에요. 좋은 코치는 오히려 말하기보다 듣기를 많이 합니다. 저의 경우, 대화의 대부분을 듣는 데 할애하고 약 20~30퍼센트 정도만 말을 하려고 노력하는데요. 그 말 역시 상대가 스스로 자신의 말을 다른 관점에서 보도록 유도하는 질문의 형태로 하곤 합니다.

그러니, 누군가와 대화를 하는 도중에 말이 막힌다거나 예기치 못한 침묵이 흐른다 해도 두려워할 필요가 없어요. 라디오 방송에서는 3초 이상 말이 나가지 않으면 방송 사고로 간주하지만, 대화에서의 침묵은 의미 있는 시간, 좀 더 깊이 듣고자 상대를 기다려주는 시간이 됩니다. 그러니 어색해할 것 없이, 여유를 가지고 상대가 말하는 것, 말하지 않는 것까지 들어주자고요.

자, 여기까지 읽고서 '아, 경청이 중요하구나' 하고 생각하셨다면, 첫걸음은 잘 떼신 거예요. 그러나 깨닫기만 하고 실천하지 않으면 아무 소용이 없겠죠. 진정한 배움은 실천으로 완성된다는 사실을 명심하셨으면 합니다.

"나는 거울이다!"라고
주문을 외워요

저는 미국에서 커뮤니케이션 코치로 일하면서, 훌륭한 코치들을 많이 만나는 행운을 누릴 수 있었어요. 그들은 경험이 많을수록 자신의 연륜과 전문성을 내려놓고 모든 말을 처음 듣는 것처럼 경청한다는 공통점이 있었습니다.

"어떻게 하면 그럴 수 있죠?"

듣기보다 말하기가 수월했던 저는 언제나 이런 질문을 입에 달고 살아야 했습니다. 그러던 어느 날, 저의 멘토 코치가 다정하게 말해주었어요.

"자신을 거울이 되었다고 생각해봐요. 그리고 다른 사람의 이야기를 담담하게 듣는 거죠. '세련된 여성은 검정 슈트를 입던데, 그렇게 입었어야지' '아니 아니, 오늘 날씨에는 빨강 원피스가 잘 어울리지!'라고 말하는 거울을 본 적 있나요? 거울은 앞에 있는 사람의 모습을 있는 그대로 비출 뿐 '이러네 저러네' 절대 말하지 않아요. 물론 처음에는 저도 그렇게 하기가 여간 어렵지 않았어요. 그래서 다른 사람의 말을 들을 때 '나는 거울이다!'라고 스스로 주문을 외웠답니다."

판단과 선입견은
이제 그만

경청을 잘 하기 위해서는 우선 마음을 비워야 합니다. 마음속에 있는 판단과 선입견은 경청을 위한 제거 대상 1호라고 생각하셔야 해요.

우리가 대화 도중 하게 되는 가장 큰 실수는 남을 쉽게 판단하는 것인데요. 부모로서, 선배로서 아무리 많은 경험을 갖고 있다 하더라도 제대로 듣기 위해서는 판단하는 마음부터 버려야 합니다. 거울이 상대의 모습을 있는 그대로 비추듯이, 좋은 대화자는 보이고 들리는 대로 상대와 교감할 뿐 그의 말을 분석하지 않아요.

사실 대부분의 사람들은 비판을 통해 잘못을 뉘우치거나 발전하지 않아요. 상대의 이야기가 정말 자신을 위한 진실된 마음에서 우러나온 말이라는 것을 깨달았을 때에야 비로소 변화하죠. 사람을 변하게 하는 것은 '지적'이 아니라 그의 말을 있는 그대로 '수용'하는 것임을, 우리는 이미 많은 경험을 통해 알고 있습니다.

사실, 대화를 하며 솔직하게 자신을 드러내거나 때로는 자신도 몰랐던 모습을 대면하고 그 자리에서 인정하는 것이 쉬운 일은 아닙니다. 그렇기 때문에, 들어주는 사람의 태도가 비판적이지 않고 신뢰감을 주어야만 비로소 속 깊은 대화를 나눌 수 있는 것이죠.

문제는, 마음속에서 올라오는 수많은 말들을 비워내는 것이 결코 쉽지 않다는 데 있습니다. 저처럼 평소 비판적인 태도를 가진 사람일수록 더욱 그럴 수밖에 없어요.

좀 힘들더라도 마음속에서 올라오는 판단과 비판의 말들을 꿀꺽 삼켜보세요. 아무리 해도 잘 안 될 때는 우리가 남을 판단하지 않아야 그들도 우리를 판단하지 않을 거란 사실을 기억하면서, 주문을 외워보는 겁니다.

"나는 거울이다!"

상대의 이야기가 상식적이든 그렇지 않든, 실현할 수 있는 것이든 그렇지 않은 것이든, 신경 쓰지 말고 들어보세요. 비판 없이 듣는 데서 대화가 시작될 수 있으니까요. 이런 능력은 진심으로 듣고자 하는 마음과 꾸준한 훈련이 쌓일수록 향상될 수 있습니다.

생각할수록, 경청을 잘 하기 위해 많이 배우고 지식을 쌓을 필요가 없다는 사실이 얼마나 다행스러운지 몰라요. 그저 나 자신을 비우고 상대의 말을 듣고자 하는 마음만 있으면 된다고 하니, 믿고 해보셨으면 합니다.

필요한 건
오로지 호기심뿐

우리가 마음속에서 버려야 할 또 한 가지는 '무엇이든 고쳐주고자 하는 욕구Righting Reflex'입니다. 다른 사람과 대화를 하면서 자기도 모르게 무언가를 바로잡아주고 싶은 욕구가 불쑥불쑥 올라오는 걸 느낀 적 있나요? 아마 많이들 그럴 거예요. 이는 필연적으로 경청을 방해합니다.

'그건 잘못 알고 있는 거잖아. 이렇게 해야 맞는데. 바로 얘기해줘야 할까?'

이런 생각이 들기 시작하면, 걷잡을 수 없어요. 상대의 이야기는 흘려듣게 되고, 내가 하고 싶은 말만 머릿속에 가득해집니다.

불행히도, 우리는 평생 오답 가운데 정답을 가려내는 시험을 치러온지라, 틀린 것을 바로잡을 때 안심이 되곤 합니다. 우리의 무의식중에는 '답은 하나'라는 생각이 도사리고 있을지도 몰라요. 하지만 이런 생각은 사람들의 잠재력과 가능성을 제한할 수밖에 없죠. 이럴 수도, 저럴 수도 있다는 유연한 마음가짐으로, 상대가 하는 이야기를 있는 그대로 들어주는 연습을 해야 합니다.

"너는 왜 이렇게 진득하게 앉아 있지 못하니? 산만하게 굴지 말고, 1시간 동안 꼼짝하지 마!"

여러분이 부모라면 아이에게 이렇게 말해본 적이 있을 거예요. 부모가 아니라 해도 주변에서 이렇게 큰소리를 내는 사람들을 한 번쯤 본 적이 있을 겁니다. 그런데, 영재 판정을 받은 아이들의 성장을 저해하는 것이 오히려 그들의 부모라는 사실을 아시나요? 무한한 능력을 가진 아이에게 자신이 아는 학습 방법, 가령 '가만히 앉아서 집중하라'는 식의 말은 오히려 아이들의 창의성을 저해하고, 아이들이 아예 공부에 흥미를 잃게 만든다고 합니다.

비단 아이뿐일까요. 누군가를 내 식대로 고치려 하는 것이 결과적으로 좋지 않은 결과를 내는 상황을 우리는 살면서 숱하게 보게 됩니다.

대화를 잘 하려면, 상대를 바꾸려 들 것이 아니라 (내가 미처 알지 못하는) 상대를 있는 그대로 존중하면서 그가 자신의 능력을 최대한 사용하도록 도와야 해요. 열린 마음을 가지고, 다른 사람들로부터 배우고자 하며, 상대가 자신을 초월해 성장할 가능성이 있다고 믿어야 하죠. 그것을 가능하게 하는 첫 번째 비밀이 바로 '경청'인 것입니다.

그동안 누군가와 대화하며, 상대의 문제를 해결해줘야겠다거나 그에게 답을 주어야 한다는 강박관념을 갖고 있진 않았나요? 전문가들과 대화하려면, 그들만큼의 지식으로 무장하고 있어야 한다고 믿진 않았나요?

그랬다면, 부디 마음부터 비우기 바랍니다. 경청에 필요한 것은 '지식'이 아니라 오로지 '호기심'뿐입니다. 정말 궁금한 이야기를 들을 때 우리는 선입견이나 지식을 내려놓고 마음을 열게 되니까요.

말하는 사람의 이야기를 전적으로 들어주는 것은 그의 생각과 믿음으로 해석된 이야기에 푹 빠져드는 것을 의미합니다. 만약 내가 대화 도중 상대를 리드하고 있거나 무언가를 고쳐주고 있음을 깨달았다면, '아, 내가 이 사람의 이야기에 호기심을 잃었구나'라고 생각해도 무방해요.

호기심을 가지고 상대의 말을 경청하며 자신이 모르는 것들에 대해 열린 마음을 가질 때, 새로운 세상이 열립니다. 모르는 영역일지라도 자신의 무지를 두려워하지 않고 호기심을 가진 채 듣다 보면, 서로의 한계를 뛰어넘는 이해와 통찰을 얻게 될 거예요.

인생을 바꾸는 질문

☐ 오늘, 다른 사람의 말을 끊지 않고 들었나요?

☐ 상대의 입장에서 들어주었나요?

☐ 미처 하지 않은 말까지 들어주었나요?

☐ 다른 사람을 판단하거나 비판하는 편인가요, 아니면 그의 이야기를 호기심을 갖고 듣는 편인가요?

□ 당신의 인생 질문은 무엇인가요?

□ 너무나 당연히 생각해왔던 것에 대해 정말 그런지 반문해보세요.

□ 당신이 진짜로 원하는 것은 무엇입니까?

□ 다른 사람에게 깨달음이나 통찰을 주는 질문을 한 적이 있나요?

표면적 듣기는
안 하느니만 못 해요

"지금 내 말 듣고 있어요?"

마치 벽을 보고 이야기하는 것 같은 느낌이 들 때, 우리는
답답한 나머지 이렇게 묻곤 합니다. 누군가와 같이 있지만,
그 사람의 영혼은 마치 다른 곳에 있는 것처럼 느껴지는 것
이죠.

이렇게 상대가 내 말에 귀를 기울이지 않고 오직 자신이
듣고 싶은 대로 골라 들을 경우에 어떤 일이 벌어질까요? 아
마도 상대와 나의 관계는 불편해지거나 심하면 영영 어긋나
버릴 가능성이 클 것입니다.

표면적 듣기 vs.
심층적 듣기

듣기에는 두 단계가 있어요. 첫 번째 단계는 '표면적 듣기Surface Level', 두 번째 단계는 '심층적 듣기Deeper Level'입니다. 단계에 따라 우리가 듣는 내용은 우리 뇌에 각기 다르게 저장되죠. 그러므로 '어떻게 듣느냐' 하는 것은 당장의 의사소통뿐 아니라 같은 사건을 어떻게 해석하고 기억하느냐에 큰 영향을 미칩니다.

표면적 듣기에 그치면, 서로 열심히 대화하더라도 이야기는 겉돌고 문제도 해결되지 않습니다. 상대의 말을 듣고 어느 정도 정보를 얻지만, 한 단어 혹은 어떤 표현에 붙잡혀 논쟁을 하거나 오해를 하게 될 수도 있어요. 또 듣기는 듣되 자신의 관점으로 이야기를 듣기 때문에, 남에 대해 쉽게 판단을 내립니다.

제대로 듣기 위해서는 무엇보다 상대의 이야기를 듣고자하는 마음과 기술이 있어야 해요. 겉으로 들리는 것뿐 아니라 상대가 진정 말하고자 하는 것을 심층적으로 듣는 훈련이 필요한 것입니다.

그렇다면 표면적 듣기에 그칠 때 우리가 놓치는 것들은 과연 무엇일까요? 사람들은 자신의 경험에 대해 이야기할 때

빼먹고 말하는 것이 매우 많은데요. 이야기의 등장인물을 언급하지 않는다든가, 그가 한 행동이 무엇인지를 빠뜨린다든가, '이래야 한다, 저래야 한다'와 같은 당위적인 생각을 하게 된 이유 등을 말하지 않기도 합니다.[4] 경청을 할 때는 이런 빠진 정보를 찾기 위해 노력해야 해요.

상대가 말하지 않은 것들 가운데 우리는 과연 무엇부터 찾아야 할까요? 이 질문에 대한 답을 찾기 위해 가장 좋은 것은 자신이 궁금한 것을 묻는 것이 아니라 상대를 이해하는데 의미 있는 것부터 묻는 것입니다.

시시콜콜 일의 앞뒤 정황을 파악하기 위해 혹은 문제의 원인을 따지기 위해 던지는 질문은 오히려 사람을 방어적으로 만들 뿐 좋은 대화를 나누는 데 큰 도움이 되지 못해요. 상대의 말을 들으며 서로가 몰랐던 것들을 깨닫고, 발전해나가는 데 의미 있는 것이 무엇인지 따져보고, 이를 토대로 질문을 던져야 합니다.

인내심이 부족해 상대의 말꼬리를 자르는 습관을 가진 사람일수록 표면적인 듣기에 멈춘 채 사람을 쉽게 판단하게 마련입니다. 이럴 경우, 상대의 진심이나 말 속에 감춰진 정보를 알 길이 없겠죠. 이런 듣기를 한다면 이해도, 소통도 기대하기 힘들 것입니다.

상대를
이해하기 위한 질문

예를 들어 살펴볼까요? 동료가 다음과 같이 말했다고 가정해보겠습니다.

"사람들이 그러면 안 되는 거예요."

이 말 속에는 두 가지 정보가 빠져 있습니다. 무엇일까요?

첫째, 그의 말 중 "사람들"이 누구인지에 대한 정보가 생략되어 있어요. 이 경우, "구체적으로 누구를 말하는 거예요?" "어떤 사람들을 말하는 거죠?"라고 하면서, 숨겨진 정보를 찾아 질문해야 합니다.

둘째, "그러면 안 되는 거예요"라는 말에서는 무엇이 안 되는 것인지가 분명하게 드러나지 않습니다. 이때는 "그러면 안 된다는 것이 구체적으로 무슨 뜻이죠?" "그 대신, 어떻게 해야 했다고 생각하세요?"라고 물어야 해요.

"김 부장님이 글쎄, 다른 동료들과 제 사이를 이간질했어요. 부장 정도면 부서원들한테 영향력 있는 사람인데, 그러면 안 되죠."

동료가 이렇게 구체적으로 말을 해주었습니다. 그다음에는 어떤 대화가 이어져야 할까요?

"부장이 좋은 영향력을 끼치려면 어떻게 해야 할까요?"
"부서원이 누군가를 욕해도 그러면 안 된다고 타일러야죠."

"부장이 좋은 영향력을 끼치려면 어떻게 해야 할까요?"와 같은 질문은 상대가 비록 남의 이야기를 하고는 있지만, 스스로 '내가 구체적으로 무엇을 해야 하나' 하는 생각을 하도록 해줍니다. 이로써 자신이 앞으로 나아가고 싶은 방향이 어디인지, 그러려면 무엇부터 실천해야 하는지 짐작할 수 있게 해주죠.

한 가지, 유념해야 할 사항이 있어요. 간혹 '좋은 영향력'에 관해 더 깊이 대화를 나눠보려는 분들도 있을 텐데요. 그럴 경우, 상대가 생각하는 좋은 영향력이 내가 생각하는 좋은 영향력과 다른 의미일 수 있음을 명심해야 해요. 사람마다 '좋다' '나쁘다'에 대한 기준과 해석은 매우 다르기 때문이죠. 대화를 잘 이어나가려면, 상대의 생각이 나와 다르다는 것을 인정한 채 경청해야 하는 것입니다.

"사람들이 그러면 안 되는 거예요"라는 말에 대해 더 할 수 있는 질문으로는 아래와 같은 것들이 있습니다.

"그러면 안 된다고 생각하는 이유는 무엇인가요?"
"만일 모든 사람들이 그렇게 행동한다면 과연 어떤 일이 생길까요?"
"그런 생각을 갖게 된 데 대해 깊이 생각해볼까요?"

사람들은 보통 자신의 생각을 단정적으로 말하곤 하는데요. 그렇게 생각하게 된 근거에 대해서는 깊이 생각하지 않습니다. 좋은 대화자가 되려면, 상대가 당연하게 생각하는 것들에 대해 여러 방향의 질문을 던짐으로써 어떻게 그런 생각을 갖게 됐는지 스스로 생각하게 만들어주어야 해요. 그러면 상대도 당연하게 생각했던 이유에 대해 정리해볼 기회를 갖게 되며, 이를 내게 말하는 과정에서 스스로의 생각이 잘못되었음을 깨닫기도 합니다.

들리지 않는 것까지
듣는 연습

저의 남편은 이공계입니다. 왜 이공계를 선택했느냐고 물었더니, "말하기, 글쓰기가 싫어서"라는 아주 단순한 이유를 대더라고요. 실제로 그는 필요한 말만, 그것도 두서없이 하는 타입이어서, 우리 대화는 종종 삼천포로 빠지곤 합니다.

"이 정도 살았으면 이제 알아들을 때도 됐잖아!"

남편이 답답해하며 말합니다.

"이 정도 살았으면 말 잘할 때도 됐잖아!"

저도 지지 않죠.

남편 말대로 오래 살았으니 잘 좀 알아들으면 좋으련만, 저는 여전히 주어와 목적어를 상실한 그의 말을 이해하지 못할 때가 많아요. 제게 절실히 필요한 능력은 남편이 말하지 않은 것을 알아채서 제대로 듣고 이해하는 것이죠. 즉, 그 사람을 더 깊이 알고 경청하는 능력입니다. 여기에는 그 사람의 관심사, 그 사람이 생각을 말로 바꾸는 메커니즘, 자주 빼먹고 사용하는 단어에 대한 상상력 그리고 무엇보다 인내심이 포함됩니다.

대화의 70퍼센트
이상을 경청으로

단순히 상대가 말한 것만 듣는 것이 아니라 직관을 동원하여 말하지 않은 것까지 들을 때 깊은 이해와 소통이 이루어질 수 있어요. 비록 완벽한 문장으로 말하지 않더라도 더 깊은 수준까지 듣기 위해 노력해야 합니다. 상대의 말과 표현에 집착할 것이 아니라, 말의 요지와 맥락을 더듬어야 하고 그의 감정을 제대로 이해하기 위해 모든 감각 기관을 동원한다고 생각해보세요.

거듭 얘기하지만, 사람들은 상대가 자신이 말하지 않은 부분까지 알아줄 때 마음의 문을 열기 시작해요. 그렇게 상대의 말을 깊이 들어줄 때, 상대는 자신이 알았던 것에 대해서는 더 명확히 알게 되고, 미처 몰랐던 것은 새롭게 깨닫게 됩니다.

또한 인내심을 가지고 자신이 듣고 싶은 것이 아닌 상대가 하고 싶은 말, 즉 그의 근심, 관심사, 목표 등에 대해 들어주는 것이 경청의 기본이라고 생각하셔야 해요. 이때 상대가 중요하게 생각하는 것과 그 이유, 그의 가치관과 학습 방법까지도 있는 그대로 들어주는 적극적인 태도를 가져야 하죠. 이런 적극적인 듣기 훈련을 통해 상대가 어떤 사람인지 파악하면, 그의 생각과 말에 대해 더 잘 알 수 있어 좋은 대화가 이루어질 수 있습니다.

좋은 대화자는 모든 감각을 총동원해 대화의 70퍼센트 이상을 경청하는 데 사용해요. 이는 평소 심층적인 듣기에 대한 이해와 훈련이 없이는 불가능한 일이에요. 저 역시 처음부터 남의 이야기를 잘 들었던 것은 아니었습니다. 물론 지금도 인내심을 가지고 노력하는 중이고요. 아마 누구보다 제 남편이야말로 제가 더 좋은 경청자가 되길 소망할 것입니다.

이렇게 경청을 위해 노력하는 과정에서 깨달은 바가 있어요. 바로, 사람의 말을 깊이 들어주는 훈련이 나와 상대 모두를 성장시킨다는 것. 경청을 연습하는 나 자신은 사람에 대한 이해의 폭이 커지게 되고요. 상대는 자기 자신에 대한 이해의 폭이 커지면서 보다 미래 지향적인 태도를 가지게 되는 것입니다.

심층적 듣기를 위하여

처음 경청 연습을 할 때는 주로 상대가 한 말과 그 속에 명확하게 드러난 것들을 듣는 표면적 듣기에 그치게 됩니다. 잘 듣고자 하는 마음은 있지만 여전히 속으로는 어떻게 반응해야 할지, 다음에 무슨 말을 해야 할지 고민할 수밖에 없죠.

하지만 계속해서 연습을 하다 보면 상대가 하는 말의 요지를 저절로 알게 되고, 마침내 그의 속마음까지 파악하게 됩니다. 이쯤 되면 자신의 이해와 경험을 초월해 상대의 말을 잘 들어주게 되지요.

듣기의 최고 경지에 이르면 어떻게 되냐고요? 바로, 말하지 않은 미묘한 느낌까지 놓치지 않고 충분히 들을 수 있게 된다고 해요(사실 저도 이 단계에 이르기 위해 계속 노력하는 중이에요). 성숙한 대화자는 직관적으로 상대를 이해하며, 판단과 비교를 내려놓고 상대를 존중하며, 그가 스스로의 문제를 해결할 능력이 있다는 사실을 믿어 의심치 않습니다.[5]

다른 사람의 이야기를 들을 때 여러분의 모습은 어떤가요? 혹시 딴짓을 하고 있지는 않나요?

스스로 나 자신의 행동을 점검해보기 위해 체크리스트를 준비해봤어요. 체크리스트의 각 항목은 앞으로 우리가 경청을 할 때마다 가슴에 새겨야 할 마음가짐으로 보셔도 좋을 듯합니다.

심층적 듣기를 위한 체크리스트

☐ 상대와 눈을 맞추고 몸과 마음으로 경청하고 있나요?

☐ 상대의 말, 표정, 에너지 변화까지 느끼고 있나요?

☐ 상대의 말에 호응해주고 그 핵심을 정리해주어, 그가 대화를 이어가도록 독려하고 있나요?

☐ 표면적 듣기에 머무르지 않고, 상대가 하는 말의 요지를 파악하고 있나요?

☐ 상대를 함부로 판단하지 않고, '사실Fact'을 경청하고 있나요?

☐ 상대를 존중하고, 그의 입장을 이해하고 있나요?

☐ 그의 마음에 공감하고 있나요?

☐ 상대의 에너지가 상승되고 있는 게 느껴지나요?

☐ 변화에 대한 상대의 의지가 높아지고 있나요?

☐ 상대를 더 깊이 알기 위한 질문을 하고 있나요?

☐ 상대의 의식이 확장되는 통찰력 있는 질문을 하고 있나요?

☐ 상대가 성장할 것임을 진심으로 믿나요?

머릿속 지도를
읽어보세요

지도Map는 지표면의 상태를 일정한 비율로 줄여 나타낸 그림이죠. 지도에는 산과 바다, 언덕과 좁은 골목 등 무수한 정보 가운데 선별된 정보들이 기호로 표시되는데, 이를 잘 보지 못하는 사람들은 자칫 엉뚱한 곳을 찾아갈 수도 있습니다. 저처럼 말이죠.

미국의 논리학자 알프레드 코집스키Alfred Korzybski는 지도와 관련해 유명한 말을 남겼어요.[6]

"지도는 영토가 아니다. 사용하기 편하게 그려놓은 그림이지, 실제 영토와는 차이가 있다. 이처럼 인간도 언제나 말하고자 하는 것을 말로 다 표현하지는 못한다. 아무리 잘 표현한다 하더라도 실제 일어난 사건에 반응하는 것이 아니라 각자의 머릿속 지도에 따르는 것이다. 한마디로, 우리의 이해는 실제가 아니라 그에 대한 해석일 뿐이기 때문에 완전하지도 정확하지도 않다."

이는 좋은 대화를 하고 싶은 사람이라면 밑줄 치고 기억해둘 만한 말이에요. 똑같은 사건을 겪어도 사람들은 각기 다르게 해석하고, 다르게 기억하죠. 우리 모두는 각자 머릿속에 다른 지도를 가지고 있으므로, 말이나 상황을 해석하는데 분명히 차이가 있는 것입니다.

모두의 머릿속엔
서로 다른 지도가

사람마다 머릿속에 가지고 있는 지도는 그 사람이 세상을 어떻게 인식하는지 보여주며, 이러한 생각은 말을 통해 겉으로 드러납니다. 다시 말해, 이는 세상을 바라보는 관점이나 믿음 혹은 사건을 이해하는 자기만의 해석이라고 할 수 있죠. 머릿속 지도에 따라 우리의 경험은 각기 다르게 해석되고 어떻게 말하고 행동할지도 결정되기 때문에, 서로의 지도를 이해하려는 노력이 필요한 것입니다.

옛날 코미디 프로그램에서 바보 분장을 한 두 사람이 열심히 대화를 하는데 전혀 소통이 되지 않아 서로 답답해하며 "뭔 말인지 알지?"를 반복하며 웃음을 주던 것이 생각나네요. 커뮤니케이션이 어려운 이유는 첫째로 말하는 사람이 자기가 하려는 말을 제대로 전달하지 못하기 때문이고, 둘째로 듣는 사람이 듣고 싶은 대로 듣기 때문이라는 것을 매우 잘 보여주는 예라고 할 수 있습니다.

이 세상에 완전한 이해와 일치는 없어요. 부모와 자식 사이든 열렬히 사랑하는 연인 사이든, 그 어떤 관계에도 말하는 사람과 듣는 사람 사이에 완전히 이해받기 힘든 부분이 있다는 것을 인정해야 합니다. '말'에 대해서는 언제나 '말로 하는 설명'이 더 필요하게 마련인 것이죠.

머릿속 지도의 원리

그렇다면, 머릿속의 지도는 어떻게 그려지는 것일까요? 지도를 살펴보면 작은 언덕은 표시되어 있지 않고 높은 산과 큰 길만 표시되어 있는 경우가 많죠. 어느 수준의 정보까지 나타낼지 미리 기준을 정해놓고서 그에 따라 선별된 정보만 담아내는 것인데요. 머릿속의 지도가 그려지는 원리도 이와 마찬가지입니다.

우리가 어떤 사건을 경험하게 되면, 시각, 청각, 촉각, 후각, 미각 등을 통해 수많은 정보가 한꺼번에 들어옵니다. 하지만 이 모든 정보를 무한대로 뇌에 저장할 수는 없으니, 이를 걸러주는 필터가 작동하는 것입니다.

필터를 통해 정보가 여과되면서 어떤 것은 생략Deletion되고, 어떤 것은 왜곡Distortion되며, 때때로 어떤 것은 지나치게 일반화Generalization되기도 합니다.[7] 이에 따라 빼먹고 말하지 않거나, 사실과 다르게 오해하고 기분이 상하거나, 마음대로 부풀리거나, 자기 편한 대로 생각하는 경우 등이 발생하는 것입니다.

"산토끼의 반대말은 무엇인가?"

똑같은 질문을 생물학자에게 하면 "죽은 토끼"라고 말하고, 화학자에게 하면 "염기 토끼", 경제학자에게 하면 "판 토끼"라고 답한다는 우스갯소리를 들어보셨나요? 저는 이 말을 듣고 피식 웃기도 했지만, 말하는 사람의 관심사에 따라 같은 질문에도 얼마나 다양한 대답이 나올 수 있는지 느낄 수 있었습니다.

심지어 어떤 사람은 사건을 해석할 때 주로 부정적인 필터를 사용하고, 어떤 사람들은 긍정적인 필터를 사용합니다. 우리가 가진 믿음, 가치관, 언어 등이 대표적인 필터라고 할 수 있죠. 누군가에게는 목숨을 걸 만큼의 중요한 믿음이 다른 사람에게는 별것 아닌 것일 수도 있습니다. 또 사람마다 자신이 가진 가치관에 따라 인생의 중요한 선택을 하게 되는데, 이야기를 듣는 쪽에서 이를 이해하지 못하거나 무시하면 절대로 대화가 이뤄지지 않습니다.

이렇듯 머릿속의 필터는 개인마다 매우 다르고 주관적으로 작동하기 때문에, 같은 사건을 보고도 그에 대한 해석이 다를 수밖에 없는 것입니다.

인간은 자신의 경험을 언어로 표현하는데요. 어떤 언어의 필터를 가졌느냐에 따라 느끼는 감정이 달라지고 저장되는 기억도 달라집니다. 게다가 우리가 뱉어버린 말은 우리의 행동에 직접적으로 영향을 줄 수 있습니다.

머릿속 필터를
점검해야 할 때

어느 기업에서 한 부서를 통째로 없애고 전원을 타 부서로 발령을 낸다는 말이 돌았습니다. 부서 통폐합에 대한 회사의 공식 입장이 나오지 않은 상태에서 사람들의 불안감은 커져만 갔고, 무수한 소문과 추측 들이 나돌기 시작했죠.

"그 말이 무슨 뜻이지?"

사람들은 저마다 이렇게 말하며 혼란스러워했습니다. 각자 열심히 정보를 수집했고, 함께 모여서 이런저런 생각들을 나누었죠. 그 과정에서 왜곡이 일어나고 여러 가지 감정이 터져 나왔습니다. 어떤 사람은 매우 걱정스러워하며 이렇게 말했습니다.

"다른 부서에 있는 동기가 그러는데, 이건 그만두라는 뜻이래요."

또 다른 사람은 회사를 비난하며 투덜투덜댔습니다.

"내 상식으론 도저히 믿기 힘든 불쾌한 처사네요."

하지만 똑같은 상황을 다르게 해석하고, 다르게 대응하는 사람들도 있었습니다.

"조직 운영을 효율적으로 하기 위한 조치로 보이는데요? 큰 의미 두지 말아요."
"해외 진출을 위한 움직임의 일환 아닐까요? 우리도 무언가 준비해야 할 것 같은데요."

과연 무엇이 진실일까요? 한 가지 확실한 것은 회사의 의도가 무엇인지 정확히 알기 전에, 내 멋대로(즉, 내 맵Map대로) 생각하는 것이 문제 해결에 전혀 도움이 되지 않는다는 사실입니다.

사람은 행동을 할 때, 자신의 현실에서 실현 가능한 행동들 가운데 하나를 선택하게 되어 있어요. 그런데 부정적인 해석을 하는 사람에게는 회사를 그만두는 것 이외에 달리 선택지가 없어 보이겠죠. 부정적인 감정이 감정에 그치지 않고 우리를 상황에 제대로 대처하지 못하게 만드는 것입니다.

반면 같은 상황을 기회로 해석한 사람은 조직의 변화를

발판으로 다음 행동을 설계합니다. 물론 이들에게는 불필요한 감정의 낭비도 없을 거예요.

'인생은 해석'이라는 말이 있어요. 인생에 벌어진 사건을 어떻게 해석하느냐에 따라 인생 그 자체가 달라진다는 뜻입니다. 그러니, 손봐야 할 것은 나의 능력이 아니라 머릿속 필터일지 모릅니다.

'나의 머릿속 필터는 건강한가? 그래서 내가 보는 세상도 안녕한가?'

이것이 수시로 나 스스로에게 던져야 할 질문이에요. 내가 가지고 있는 생각이 내 삶을 풍요롭게 하는지 아니면 오히려 많은 가능성과 기회를 내게서 앗아가고 있는 건 아닌지 늘 살펴봐야 합니다.

**언제나 대화는
상대의 관점에서**

지금까지 살펴본 대로, 우리 머릿속의 지도는 진리가 아니며 그리 정확하지도 않습니다. 세상에 일어난 사건을 해석하는 우리의 관점을 보여줄 뿐이죠. 그럼에도 불구하고 많은 사람들이 자기만 옳은 것처럼 말하고, 다른 사람도 나와 똑같이 생각하기를 기대하며 대화합니다. 아니, 강요합니다!

"당신의 필터는 잘못됐으니, 오늘부터 나와 같은 필터를 사용하세요!"

대화를 하며 상대에게 은연중에 이런 말을 하고 있진 않나요? 이런 말을 몸짓으로, 눈빛으로, 말투로 전달하고 있는 건 아닐까요? 이런 태도는 매우 위험하며 폭력적입니다. 바로 여기에서 불통과 불행이 시작되기 때문이죠.

사람과 사람 사이에 생각의 차이가 있음을 인정하고, 상대의 관점에서 들어주세요. 이것이 상대의 말에 전적으로 동의해야 한다는 말은 결코 아닙니다. 다만 그의 생각이 내 것과 다를 수 있다는 점을 인정하고, 그의 입장에서 어떻게 그렇게 생각했는지를 이해하려고 해야 합니다. 성숙한 사람은 이런 이해를 바탕으로 상대의 관점에 맞춰 어떻게 효과적으로 말할지, 어떻게 그의 마음을 움직일지, 그의 생각에 영향을 주는 말은 무엇일지 생각하며 경청한다는 점을 꼭 기억해주세요.

심한 말을 듣고 상처받지 않는 법

우리 주변에는 말로 상처 주는 사람이 꼭 한 명씩은 있습니다. 직장 상사의 가시 돋친 말을 듣고 억울할 때, 교수 혹은 선배로부터 심한 말을 듣고 상심했을 때, 배우자의 송곳 같은 말에 찔려 아플 때, 여러분은 어떻게 반응하시나요?

사실, 이럴 때 우리가 할 수 있는 일은 많지 않습니다. 100퍼센트 완벽하게 상처받지 않는다는 것도 불가능한 일이죠. 하지만, 먼저 내 머릿속 필터를 점검해 내상을 줄일 수는 있습니다.

'그의 머릿속 지도로 보면 그렇게 보이나 보다.'

무엇보다 사람들의 말과 행동이 그저 자기 머릿속 지도에 반응한 결과라는 점을 명확히 인지해야 해요. 그러고 나면 이전보다 화가 나거나 상처받는 일을 줄일 수 있습니다.

이렇게 점점 성숙한 대화자가 될수록 우리는 나 자신의 마음을 좀 더 잘 지킬 수 있어요. 뿐만 아니라 상대를 도울 수도 있죠. 상대의 생각과 언어 습관에 맞춰 '이럴 땐 어떻게 말하는 게 좋을까?'를 생각해보세요. 틀림없이 소통과 관계 회복이라는 두 마리 토끼를 동시에 잡게 될 것입니다.

말의 내용과 시시비비를 따지기 전에 상대가 방금 한 말이 상황을 이해하는 데 어떤 도움이 되는지부터 살펴보세요. 우리는 어떠한 사건 속에서도 도움이 되는 생각과 말을 선택할 수 있으며, 상황을 자기에게 유리하게 만들 수 있다는 사실을 기억하셨으면 합니다.

말의 패턴을 보면
많은 것이 들려요

    속을 알 수 없는 사람과 대화할 때마다 저는 그의 머릿속을 투시하고 싶다거나 마음속에 들어갔다 나오고 싶다는 생각을 하곤 합니다. 그만큼 답답하다는 것인데요. 커뮤니케이션에 대해 깊이 공부하기 시작하면서, 타인의 말을 좀 더 잘 알아들을 수 있는 비법을 알게 됐습니다. 바로 그 사람의 말하기 패턴을 보는 것이에요.

    사람들이 하는 말을 잘 들어보면, 개개인마다 무의식적으로 나오는 언어의 패턴이 있음을 알게 됩니다. 이 패턴은 그 사람의 생각과 행동을 상징적으로 보여주는 경우가 꽤 많습니다. 따라서 패턴을 잘 읽는 것만으로 상대의 말에 효과적으로 대응할 수 있지요.

학자들은 우리가 사용하는 언어에 의해 뇌의 신경 반응이 특별한 방식으로 구조화되고 기억된다는 사실을 발견했어요. 이에 따라 사람의 마음과 행동은 '신경 언어 프로그래밍Neuro-Linguistic Programming, NLP'이라는 과정을 거쳐 수정되거나 긍정적으로 변화될 수 있다고 주장합니다. NLP는 인간의 뇌를 이해하여 효과적으로 말하고 행동하는 법을 다루는 매우 유익하고 실용적인 과학으로 널리 알려져 있죠.[8]

이처럼 언어는 단순한 의미 전달 그 이상의 역할을 수행하는데요. 이런 이유로 상대의 언어를 잘 이해하는 것이 그의 마음을 잘 이해하는 첫걸음이라 할 수 있는 것입니다.

추구형 vs. 회피형

여러분이 집을 구하는 상황을 가정해볼게요. 이때 기본적인 말의 패턴은 두 가지로 나누어 생각해볼 수 있습니다.

첫 번째는 '추구형Toward'이에요. 추구형인 사람은 목표에 집중하고 자신이 원하는 것을 분명히 말할 줄 알지요.

"따뜻한 남향집을 원해요."

"마당이 넓은 단층집이면 좋겠어요."

추구형은 목표와 보상에 반응하고 에너지가 넘쳐요. 하지만 너무 목표만 바라보다가 나중에 생길 수 있는 문제들을 미처 생각지 못하는 경향이 있죠. 그러므로 추구형의 사람과 대화를 할 때는 그가 흥분해서 놓치고 있는 것이 무엇인지 일깨우기 위해, 이 부분에 관해 다시 한 번 질문을 던지는 것이 좋습니다.

두 번째는 '회피형Away'이에요. 이들은 무슨 일을 할 때 문제점을 미리 파악하고 무엇을 피해야 하는지 먼저 생각하는 타입입니다. 늘 최악의 상황까지 생각하다 보니 진취적이지 못한 면이 있다는 게 문제죠. 하지만 이런 패턴으로 말하는 사람들은 문제점을 찾아내는 데 소질이 있고, 위기 관리에 능하다는 장점이 있습니다.

"북향집은 원치 않아요."

"오래된 집은 싫어요."

이런 패턴으로 말하는 사람의 마음을 더 깊이 듣기 위해서는 "그럼 그 대신 무엇을 원하세요?"와 같이, 다시 한 번 질문을 던지는 편이 좋습니다. 대개는 잘 모르겠다는 대답이 돌아오는데요. 거기서 멈출 것이 아니라, 그가 원하는 바가 무엇인지 분명해질 때까지 다각도로 질문을 던져 대화를 이어갈 필요가 있습니다.

회피형 사람이 쉽게 반응하는 말은 '문제' '위기' '마감일' 등입니다. 이들과 효과적으로 소통하기 위해서는 이들이 좀처럼 말하지 않는 '목표' '진정 원하는 것' 등에 대해 물어보고, 이에 관해 깊이 들어주면 좋습니다.

행동형 vs. 반응형

어떤 일을 실행하는 데 있어서도 두 가지 패턴이 있을 수 있습니다.

첫 번째는 '행동형Proactive'이에요. 행동형은 생각보다 행동이 앞서는 불도저 타입이죠. 이들은 '최초'라는 말에 흥분하고 새로운 도전을 좋아합니다. 이들의 어투는 간결하고 직선적인데요. 다음과 같이, 마치 세상의 모든 걸 자신이 통제할 수 있다는 듯이 말하곤 합니다.

"내가 이 안건을 오늘 통과시키겠어."

이렇게 능동적인 태도로 모든 일에 임해요. 또 말을 할 때는 완전한 문장을 씁니다. 이들이 반응하는 말들은 다음과 같습니다.

"한번 해보는 거야."
"당장 하자."
"서둘러! 뭘 기다리는 거야?"

그러나 절차와 과정을 무시하는 면이 있으므로, 이들의 말을 들을 때는 늘 "빠뜨린 것이 없나 점검해봅시다"라고 짚어주는 편이 좋아요.

두 번째는 '반응형Reactive'이에요. 이들은 행동하기 전에 깊이 생각하고, 상황을 봐가면서 조심스럽게 움직입니다. 때로는 너무 심사숙고하느라 자료 조사만 하다 끝날 정도죠. 이들은 수동적이고, 불완전한 문장을 사용하며, 매사 신중한 태도를 보입니다.

"지금 시작하는 게 맞는지 생각 좀 해봐야겠어."

"다른 변동사항이 있는지 좀 더 지켜봅시다."

이와 같이, 이들은 '고려하다' '분석하다' '점검하다'와 같은 단어를 자주 사용합니다. 분석적이고 용의주도하지만, 바로 그런 점 때문에 때를 놓치기도 하죠. 반응형과 대화할 때는 어떻게 하면 동기를 부여하고 행동하게 해야 하나 생각하며 들어야 합니다.

내부 지향형 vs. 외부 지향형

사람마다 판단 기준을 무엇으로 삼느냐에 따라서도 두 가지 패턴으로 나누어볼 수 있습니다.

첫 번째는 '내부 지향형Internal'입니다. 내부 지향형은 자기 안에 분명한 기준이 있어요. 이런 패턴으로 말하는 사람은 결정을 내릴 때 외부 정보를 수용하기보다 자기 마음대로 하려는 경향이 강해요. 이들은 자기 신념이 확고하고 자신감이 넘치는데, 바로 이 때문에 남의 의견을 무시하거나 독단에 빠질 위험도 있죠. 이들은 스스로를 경영하며 감독자가 필요 없다고 생각합니다.

"네 조언은 알겠는데, 내 생각대로 하는 게 더 나은 것 같아."

늘 이런 식으로 이야기합니다.

스스로 일을 잘한다고 믿기 때문에, 설령 다른 사람이 반대해도 개의치 않습니다. 그러니, 이들과 대화를 할 때는 지시하는 말투를 쓰거나 대신 결정을 내려주는 말을 하면 좋은 결과를 낼 수 없어요. 이들에게는 정보를 제공해주되 스스로 결정을 내렸다고 믿도록 대화하는 스킬이 필요합니다.

두 번째는 '외부 지향형External'이에요. 이들은 오로지 자신이 잘하고 있다는 것을 알기 위해, 다른 사람의 평가나 외적 기준을 필요로 합니다. 이런 패턴으로 말하는 사람들에게 "일이 잘 진행되고 있는지 어떻게 아세요?"라고 물으면 다음과 같이 답합니다.

"사람들이 그렇게 말했어요."

이들에게는 사람들의 말과 평판이 사고의 중요한 기준으로 작용해요. 다른 사람들의 생각을 잘 받아들이고 그에 공감하지만, 잘못하면 남의 의견에 휘둘려 결정을 내리지 못하기도 합니다.

선택형 vs.
절차형

업무를 할 때 보이는 패턴으로도 두 가지 유형을 나눌 수 있어요.

첫 번째는 '선택형Options'입니다. 선택형은 끝도 없이 새로운 가능성을 찾는 타입이에요. 새로운 프로젝트에 늘 흥미를 보이는, 신제품이나 신소재 개발 등에 적합한 타입이죠. 새로운 절차와 시스템을 만드는 데 탁월한 재능을 발휘하지만, 그것을 지키는 데는 익숙하지 못합니다.

이들은 기존의 룰을 깨는 것을 좋아하며, 마지막 순간까지 새로운 대안에 눈을 돌립니다. 때문에 새로운 기회를 추구하는 이 선택형 사람이 반응형의 특성까지 가지고 있다면, 그야말로 결정 장애에 빠질 수 있어요.

이들은 '가능성' '기회' '더 좋은 방법' '새로운 아이디어'라는 말에 반응하며, 선택의 가짓수가 많은 것을 좋아해요. 그러므로 선택형과 대화할 때는 좋은 아이디어를 어떻게 실천할 것인지 질문하고, 이에 대해 구체적인 답을 할 수 있도록 도와주는 것이 좋습니다.

두 번째는 '절차형Procedures'입니다. 이들은 일의 과정을 중시하며, 정해진 룰과 기준에 잘 따릅니다. 절차를 지키는 데서 안정감을 느끼기도 하죠. 반복적인 일에 능하며 한번 시작한 일은 반드시 끝을 내고, 관리를 잘 합니다. '절차' '지침' '경로' '검증된 방법' '믿을 수 있는 시스템' '실천' 등의 말에 민감하게 반응하므로, 이들을 움직이는 데 이 단어들을 키워드로 사용하면 좋아요.

이들의 머릿속 필터는 "왜?"라는 질문을 "어떻게?"로 해석합니다. 그래서 "왜 이 연구를 하게 됐나요?"라고 질문하면, 어떻게 처음 이 연구를 시작하게 됐으며 그 과정에서 무슨 일이 있었는지 등 아주 장황한 이야기를 듣게 될 거예요. 그러므로 이들과 어떤 일을 함께 해야 하거나 이들에게 어떤 일을 시켜야 할 때는, 그것을 해야 하는 이유를 말해주기보다 어떻게 일을 시작하고 그 과정은 어떻게 진행해야 할지 차근차근 설명해주는 편이 좋습니다.

또 이들을 설득하려면, 지금 하는 선택이 옳은 일임을 강조하면서 앞으로 얻게 될 성과에 집중해 말해주어야 합니다. 한 가지 더, 이들에게는 여러 개의 대안 가운데서 하나를 고르게 하기보다는 검증된 한 가지 대안을 제시해주는 것이 효과적입니다.

말의 패턴에 대한
오해

'어떻게 말하느냐'는 그 사람의 생각과 믿음을 반영합니다. 중요한 것은 이를 잘 경청하고, 패턴에 맞게 효율적으로 말하는 능력을 기르는 것입니다.

여기 소개한 패턴들 이외에도 많은 패턴들이 있는데요. 이에 대해 더 알고 싶은 분들은 이 책의 맨 뒷부분에 제가 소개해둔 참고도서를 읽어보시기 바랍니다.[9] 이 책들은 어떻게 사람들의 생각이 말로 표현되는지, 말의 패턴을 경청하고 이에 따라 유연하고 창의적으로 대처하는 것이 얼마나 중요한 능력인지를 설명하고 있습니다.

간혹 언어 패턴이 지문이나 혈액형 같은 것이어서 절대 변하지 않는다고 생각하는 분들이 있는데요. 이것은 명백한 오해입니다. 언어 패턴은 상황에 따라, 새로운 깨달음에 따라 얼마든지 변할 수 있습니다. 예를 들어, 회사에서 행동형인 사람이 가정에서는 반응형이 될 수 있고, 자신의 감정 상태나 의지에 따라 얼마든지 변화할 수 있는 것이죠.

또 다른 오해는 말의 패턴이 좋고 나쁨의 문제라고 생각하는 것입니다. 지금까지 읽어보셔서 아시겠지만, 말의 패턴은 특정 상황에서 나오는 말이 발전적으로 작동되느냐 아니냐의 문제로 볼 수 있어요. 결코 어느 것이 더 낫고 말고의 문제가 아닌 것입니다.

마지막 오해는, 말의 패턴에 따라 그 사람의 성향을 알아본 후 나랑 맞는 사람하고만 무리 지어 다니면 되겠다는 생각이에요. 그런데 재미있게도, 우리는 나와 다른 사람에게 끌리는 경향이 있습니다. 앞뒤 안 보고 흥분해서 투자를 결정하는 사람에게는 다음과 같이 냉정하게 말해줄 수 있는 사람이 곁에 있어야 한다는 것이죠.

"좋아요, 무슨 생각을 하고 있는지 알겠어요. 하지만 당신은 지금 수익률만 생각하고 있잖아요. 좀 더 신중해지자고요."

다르게 생각하고 다르게 말하는 두 사람은 함께 있는 재미와 다양성, 서로의 부족한 면을 채워주는 안전장치까지 보너스로 누릴 수 있습니다. 비록 한쪽은 줄기차게 말하고 한쪽은 줄기차게 들어주는 입장일지라도, 또 한쪽은 계속해서 새로운 일을 벌이고 다른 쪽은 계속해서 그 일을 수습하느라 바쁘다 할지라도, 얼마든지 서로를 존중하며 조화롭게 살아갈 수 있음을 아셨으면 합니다. 그것이 동료든, 부부든, 사업 파트너든 말이죠.

말의 패턴이 보여주는
풍경들

학자들은 뛰어난 인재들이 어떻게 탁월한 성과를 내는지 그들의 행동 원리와 방법에 주목했고, 그 안에서 하나의 패턴을 찾아냈습니다. 그 결과 탄생한 것이 앞서 소개해드린 신경 언어 프로그래밍, 즉 NLP입니다. 이는 1970년대 미국에서 개발된 커뮤니케이션 기술이자 사람을 변화시키는 과학으로, 탁월한 사람들의 말의 패턴을 연구하고 이를 모방하는 것입니다. 좋은 말의 패턴을 배우고 모방하는 것은 성공을 위해 매우 필요한 일입니다.

NLP의 창시자 존 그린더John Grinder와 리처드 밴들러Richard Bandler가 사람의 말을 이해하는 데 도움이 되는 언어 패턴을 개발한 이래 여러 패턴들이 소개됐는데, 그중 '언어와 행동 프로파일'은 널리 알려져 있습니다. 이들은 인간의 말과 행동을 면밀히 관찰한 결과, 개인적 경험을 뇌에 저장하고 이를 말로 표현하는 과정에서 말을 생략하거나 왜곡·일반화하여 원래 사건과 다르게 말함으로써 문제가 생기고 불통에 이르는 것에 주목했습니다.

보통 우리의 의식은 한 번에 7개(±2) 정도의 정보만 처리할 수 있는데, 무의식은 수백만 개의 정보에 반응합니다. 동시에, 많아야 9개, 적으면 5개의 정보밖에 처리하지 못하는 의식으로 무한히 복잡한 세상을 이해하는 데는 한계가 있죠.[10] 그래서 우리 머릿속의 필터가 작동해 필요한 정보를 걸러내는데, 그 결과 습관처럼 사용하는 언어의 패턴이 생기는 것입니다.

이는 상황마다 무의식적으로 나오는데, 잘 들으면 사람을 이해하는 중요한 단서가 됩니다. 상대가 선호하는 말의 패턴을 알면 그의 행동을 예측하고 효과적으로 대응할 수 있는 것이죠.

우리가 경험하는 많은 사건들은 '언어'로 뇌에 저장됩니다. 말의 패턴은 수많은 파일들을 구분하는 파일명처럼 마음 깊숙이 숨겨놓은 정보를 찾는 열쇠가 되죠. 경험한 일에 대한 각자의 해석이 특정 상황에서 어떻게 패턴화되었나를 이해하면 그가 어떤 사람이고, 사고방식과 일처리 방식이 어떤지 알 수 있습니다. 그러니 말의 패턴을 이해하기까지 주의 깊게 경청할 필요가 있습니다.

여러분의 목표는 무엇이고 또 그것을 이루기 위해 어떤 방법을 동원하고 있나요? 무엇을 하든 그 시작은 숨쉬기처럼 매일 하는 말하기에 달려 있음을 기억하셨으면 합니다. 아무리 까다로운 상대라도 그의 말의 패턴을 이해하고 그에 따라 전략적이고 유연하게 대응하면, 문제는 해결되고 대인관계가 좋아지며 삶의 모든 면이 향상될 것입니다.

또한 '어떻게 말할 것인가'에 따라 우리는 능력을 최고로 발휘할 수도, 치유하는 힘을 가질 수도, 상대를 설득하고 성공에 이를 수도 있습니다. 그리고 무엇보다도 어떻게 말할 것인가는 우리의 인품을 드러냅니다.

"비가 와서 망했네!"
"비가 오니 쉬어가자."

여러분은 어떻게 말하는 타입인가요?
또 여러분과 대화하는 사람들은 여러분을 어떤 사람이라고 생각할까요?

2장 · 질문 하나로 사람이 바뀔 수 있다니

질문은 설득보다
힘이 셉니다

기원전 5세기경 아테네, 자녀의 출세에 관심이 많은 극성스러운 학부모 두 명이 소크라테스를 찾아와 질문을 던집니다. 한 명은 잘나가는 정치가이자 전략가 니키아스, 다른 이는 군 출신 라케스 장군입니다.

"아이들을 중무장 전쟁 학교에 보내야 할까요, 말까요? 선생님께 답을 듣고 싶습니다."

도시국가 간에 전쟁이 많았던 때인지라 무장 전투 교육을 시킬지 여부는 자녀의 성공을 위해 사교육을 하는 부모라면 누구라도 가질 만한 고민이었습니다.

그런데 웬일! 묻는 말에 답은 안 해주고 소크라테스가 질문을 던지죠.

"전쟁술을 가르칠 것이냐 말 것이냐에 앞서, 먼저 '용기'란 무엇이라고 생각합니까?"

소크라테스가 달라는 답은 주지도 않을뿐더러, 대화를 하면 할수록 용기와 교육에 대한 자신의 부적절한 신념이 드러나자, 라케스는 버럭 화를 냅니다. 하지만 결국 진지하게 자신의 믿음과 삶에 대해 이야기를 나누며 변화하게 됩니다.

소크라테스는 자신을 교사라고 생각하지 않았지만, 그의 '문답법Elenchus'은 많은 사람들을 변화시켰습니다.

"나는 어느 누구에게도, 아무것도 가르칠 수 없다. 나는 단지 그들을 생각하게 만들 수 있을 뿐이다."

그는 사람들에게 수시로 질문을 던지며, 그들이 솔직한 생각을 말하게 했고, 그것을 진리 탐구의 출발점으로 삼았습니다. 소크라테스는 '스스로 배우는 인간의 능력'을 믿었고, 영

혼의 자율성을 강조했죠.[11]

아무것도 가르치려 하지 않았으나 상대의 마음을 움직이는 힘은 다름 아닌 '질문'에서 나왔다는 점에 주목해보세요. 소크라테스는 통찰력 있는 질문을 통해 사람들이 스스로 답을 찾아가도록 도왔습니다. 그는 산파의 역할을 했을 뿐 자신을 지혜의 생산자 혹은 선생이라고 여기지 않았고, 책 한 권 남기지 않았습니다.

변화와 성장을 돕는
'코칭'

질문으로 사람을 변화시키는 대화법이 또 있습니다. 바로 요즘 많이 듣게 되는 '코칭'입니다. 과거 헝가리의 사륜마차 '코치Kocsi'에서 유래한 코칭은 오늘날 전 세계적으로 기업의 중요 관리 수단이자 탁월한 인재 개발법으로 평가받고 있습니다. 마차가 사람들을 현재의 위치에서 원하는 목적지까지 데려다주듯이, 코칭은 사람과 기업이 스스로 변화하고 성장하는 데 도움을 주지요.

코칭은 대화를 통해 이뤄지는데요. 훈련받은 코치와 이야기를 나누면서 사람들은 미처 몰랐던 자신의 특성과 잠재력을 발견하고, 자신의 성장을 저해하는 잘못된 생각을 깨달으며 더 나은 선택을 하게 됩니다.

많은 사람들이 어떻게 하면 말을 잘 하고 지시를 잘 할지 고민하지만, 상대를 존중하고 그가 스스로 문제를 해결할 힘이 있음을 믿는 것만큼 강력한 방법은 없지요. 일방적으로 상대에게 주장을 하는 것이 아니라, 상대에게 질문을 던지며 대화함으로써 서로의 생각에 대해 이해할 기회를 갖는 것은 말하는 사람이나 듣는 사람 모두에게 안전한 방법입니다.

"나를 따라 해봐, 이렇게!"
"내가 널 고쳐보겠어!"

이와 같은 태도로는 도무지 대화가 이루어지지 않아요. 그러니, 가르치려 하거나 지시하는 태도는 버려야 합니다.

통찰력 있는
질문이 필요한 이유

상대의 문제를 해결해주려고 많은 말을 하는 것보다는 먼저 경청한 후에 이를 토대로 질문을 하는 것이 훨씬 더 강력한 효과를 발휘합니다. 상황을 제대로 알지도 못하면서 섣불리 말하고 후회하는 경우가 얼마나 많은지! 성격이 급하거나 열정이 클수록 자신이 가진 패를 빨리 다 보여주게 마련인데요. 이런 태도는 자칫 위험할 수 있겠죠. 일단 경청을 한 후 질문을 던져도 늦지 않습니다. 이로써 서로에 대해 더 깊이 이해할 수 있고, 새로운 것을 알 수 있죠. 또 상대의 대답을 들으며 생각지도 못한 것을 깨달을 수도 있습니다.

질문으로 대화하는 것이 좋은 또 다른 이유는, 많은 사람들이 지시받는 것을 싫어하기 때문이에요. 특히, 엘리트라 불리는 전문직 종사자일수록 자신이 원하는 것을 분명히 알고 있으며, 자신이 뛰어난 업무 능력을 갖고 있다고 믿고 있죠. 이들은 다른 사람의 제안을 따르기보다 자신이 리드하고 통제하는 것을 좋아하며, 남에게 지시받기를 꺼립니다.

이런 이들도 겉으로는 자신 있게 말하고 당당한 것처럼 보이지만, 실은 모든 일에 확신을 가지고 있지는 못해요. 자신의 가치가 하는 일의 성공 여부에 달려 있다고 생각하는 사람일수록 겉으로는 자신감 넘쳐 보이지만, 동시에 실패에 대한 커다란 두려움을 가지고 있는 경우가 많습니다.

바로 이때 통찰력 있는 질문이 필요합니다. 질문을 듣고 생각하는 과정에서, 이들은 자신의 강점을 더 발견할 것이며 부족한 부분에 대해서는 '자기 힘으로' 해법을 찾았다고 믿게 될 것입니다. 강력한 질문을 통해 해답을 던져주는 것이 아니라 스스로 깨닫고 방법을 찾았다고 느끼게 해주는 지혜로운 대화자가 되어야 해요. 소크라테스처럼 우리도 좋은 질문으로 대화를 이끌어 지혜와 통찰의 산파가 되어야 합니다.

상대를 바꾸려고
하지 마세요

우리는 앞서 사람의 머릿속에 각기 다른 지도가 있다는 사실을 살펴본 바 있습니다. 그 차이를 인정하지 못하면 불통에 이르기 때문에 상대의 관점에서 경청하는 것이 중요하다는 것도 배웠어요.

질문을 할 때도 마찬가지입니다. 말하는 사람의 입장에서 듣고, 그다음에 궁금한 것을 물어보는 것이 순서이지요. 이해는 서로 다른 생각들을 기꺼이 맞춰나가는 여정의 시작이에요. 서로의 다름을 인정하고, 상대의 입장을 존중해야만 다양한 대화를 할 수 있고 창의적이고 생산적인 결과를 만들 수 있는 것입니다.

좋은 질문을 하려면
우선 경청

누군가를 이해한다는 것은 그의 생각과 언어를 모두 이해한다는 뜻입니다. 상대의 표현, 비유, 유머 등을 이해하는 것은 결국 그가 살아온 인생을 이해하고자 하는 마음에서 시작되는 것이죠.

어느 날 제게 한 남학생이 면담을 신청했습니다. 대학에서 스피치를 가르치다 보니, 열린 마음으로 대화를 나누려는 학생들이 종종 저를 찾아오곤 하죠. 그 학생은 언제나 웃는 얼굴과 특유의 활발함으로 수업 분위기를 책임지던 친구였는데요. 그날은 사뭇 모습이 달라 보였습니다.

"꼭 성공하고 싶어요."

결연한 눈빛, 꼭 다문 입술에서 그의 절실함이 느껴졌어요. 더 깊은 대화를 위해 우선 그의 입장에서, 그가 생각하는 성공이 무엇인지 알아야 했습니다. 저는 다음과 같이 말했어요.

"자신이 성공했을 때 어떤 모습일 것 같아요? 한번 자세히 그려보세요."

제가 그 학생에게 '내가 생각하는 성공'에 대해 한 시간 동안 말을 늘어놓은들 그것이 그가 꿈꾸는 성공과 차이가 있다면 아무 의미도 없겠죠. 그 학생은 저와 공감하지도 못하고, 변화를 맛보지도 못할 것입니다. 내가 생각하는 성공을 고집하고 상대에게 주입시키려 하는 것은 바람직하지 않을뿐더러 폭력적이기까지 하고요.

이럴 땐 호기심을 갖고 상대의 말을 들어주는 것이 먼저입니다. 그리고 그의 생각을 따라가며 다음 질문을 이어가는 게 좋아요.

**다른 가능성을
깨닫게 하도록**

저는 그 학생이 성공에 대한 정의를 어떻게 내리고 있는지 궁금했어요. "성공한다는 게 어떤 의미인데요?"라는 제 질문에 그 학생이 답했습니다.

"가능한 한 돈을 많이 벌고 싶어요."

듣고 보니 그의 속마음이 더 궁금해집니다. 어떻게 '돈=성공'이란 생각을 갖게 됐을까요?

여러 번 말했지만, 상대의 생각을 바꾸는 대화가 좋은 대화라고 여기면 안 돼요. 정말 좋은 대화란 상대의 사고방식과 언어에 대한 이해에서 출발해, 상대의 생각을 확장시키는 질문을 던져, 상대가 스스로 깨달음을 얻도록 하는 것이죠. 물론 이런 대화를 나누기 위해서는 전제 조건이 있습니다. 무엇보다, 내가 믿고 말할 수 있는 대화자가 되어야 합니다. 어떤 말을 해도 비난당하지 않을 거라는 믿음과 공감대가 형성된 상태여야만 상대는 내게 자신을 드러낼 용기를 갖게 되니까요.

안전하고 신뢰할 수 있는 분위기에 놓였을 때 사람들은 자신만의 생각에서 벗어나 유연하고 창의적인 생각을 하게 됩니다. 이때야 비로소 상대는 자신만의 생각의 틀에서 벗어나려는 시도를 하게 된다는 것이죠. 여러 가능성을 함께 생각하며, 새로운 길을 찾을 수 있음을 깨닫게 되는 것입니다.

상대가 좁은 시야에서 벗어나 다른 각도에서 문제를 바라보기까지 인내심을 가지고 들어주세요. 그러고 나서 그의 생각에 자신의 생각을 정렬시켜 상대의 입장에서 필요한 질문을 해주는 겁니다.

가능한 한 돈을 많이 벌고 싶다던 그는 이야기 끝에 그것이 자신의 바람이 아니라 가장으로서의 무게 때문에 하게 된 생각이었음을 깨달았습니다. 많이 혼란스러워하던 그는 그토록 원하던 성공에 대한 정의를 다시 세워야겠다는 결론에 이르렀습니다.

비록 당장 해답을 얻은 것은 아니었지만 새로운 깨달음을 얻었기에 그의 미래가 매우 달라질 것만은 확실합니다. '돈을 많이 버는 삶'이란 목표에서 또 다른 어떤 목표가 생길지 우리는 기대해보기로 했습니다.

퀘제스천을 아시나요?

'퀘제스천Queggestion'이란 말이 있습니다. 이것은 영어의 '질문Question'과 '제안Suggestion'을 합친 말로, 양의 탈을 쓴 늑대처럼 좋은 질문을 가장한 것입니다. 이는 이미 정해진 답을 제안하는 것으로, 자신의 생각을 남에게 주입시키는 좋지 않은 결과를 가져오곤 합니다.

비록 다른 사람의 문제를 해결해주기 위해서라거나 돕기 위해서라는 좋은 의도가 있을지라도, 문제 상황에서 상대에게 어떤 선택을 할지 묻는 대신 상대를 리드하고 해법을 지시하는 대화법은 좋지 않습니다. 이런 대화로는 고정관념에서 벗어난 새롭고 신선한 해결법을 찾기가 힘들죠.

질문을 가장한 제안이 좋지 않은 또 다른 이유는 누군가가 이미 정답을 정해놓고 유도한다면, 결과에 대한 관심이나 책임감은 그만큼 줄어들기 때문이에요. 따라서 어떤 '의도'가 담긴 질문을 삼가고, '호기심'에서 나오는 질문을 하도록 노력해야 합니다.

"조직의 변화에 순응하는 것이 어떨까?"보다는 "조직 개편을 앞두고 준비해야 할 것은 무엇일까?"라고 상대가 스스로 문제 상황을 주도하고 책임지도록 이끄는 질문이 필요하다는 것입니다. 남의 지시를 따르면서 동시에 책임감도 느끼는 사람은 없을 테니까요!

질문의 실마리는
상대의 말 속에

    수업을 하다 보면, "저는 아직 지혜도 부족하고, 타고나길 순발력도 없어서 좋은 질문을 하기가 어려워요"라고 말하는 분들을 많이 만나게 됩니다. 안타깝지만, 어느 정도 인정할 수밖에 없는 이야기입니다. 연습을 한다고 해도 단기간에 질문 기술이 늘어나는 것은 힘든 일이죠.

    다행히, 그런 분들에게 맞는 쉽고 효과적인 질문법이 있습니다. 바로, 상대가 방금 한 말을 다음 질문으로 연결해 사용하는 거예요. 상대가 한 말을 재료 삼아 질문을 만드는 것인데요. 이때 상대가 한 말 중에서 특히 반복되는 표현이 있다면 놓치지 말고 질문하는 것이 좋습니다. 상대가 의식하건

하지 못하건 간에, 그 말들 사이사이에 숨겨진 정보가 엄청
나게 많으니까요.

질문하기가
얼마나 어려운지

신입 아나운서 시절, 저는 방송을 할 때
무엇을 열심히 해야 하는지도 모른 채 바쁜 나날을 보내야만
했습니다. 머릿속만 바쁜 것이 아니었어요. 두 손도 언제나
바빴는데, 한 손에는 마이크를, 다른 한 손에는 할 말을 빼곡
히 적은 원고를 늘상 쥐고 있었죠. 마치 내 생명줄이라도 되
는 것처럼 말입니다.

인터뷰를 할 때는 온통 머릿속이 내가 꺼내야 할 질문들
로 가득했습니다. 출연자가 말하는 사이, 힐끔힐끔 다음에 할
질문을 찾아 외우곤 했어요. 겉으로는 태연하게 출연자의 대
답을 경청하고 있는 척했지만, 사실은 긴장해서 오로지 원고
에만 의지하며 다음 질문을 놓치지 않기 위해 안간힘을 썼던
거죠. 출연자의 답변에 귀를 기울이지 않다 보니, 정해진 순
서대로만 질문을 하다가 상대가 이미 답한 내용도 다시 물어
보는, 진땀나는 실수를 하기도 했습니다.

그러나 점점 시간이 흐를수록 한결 가볍게 방송을 하게 되었는데요. 이는 집중해야 할 것이 무엇인지 분명히 알게 됐기 때문이었어요. 경청에 나의 온 마음과 정성을 쏟고, 나머지 부분에서는 힘을 뺄 줄 알게 된 것이죠. 내가 놓치지 말아야 할 것은 다름 아닌 출연자의 말이라는 점을 깨닫고 나자, 다음 질문은 그가 한 말에서 찾을 줄 아는 지혜가 생기기도 했습니다.

이런 경험이 있었기에, 질문으로 대화하는 것이 말처럼 쉬운 것도, 처음부터 잘할 수 있는 것도 아니라는 점을 저는 누구보다 잘 알지요. 하지만 저도 그랬듯이, 경험이 쌓이고 노력이 더해질수록 상대의 말에 집중하는 능력이 생겨 질문하는 기술도 향상된다는 사실을 여러분도 확실히 느끼게 될 거예요. 상황에 따라 유연하게 질문을 바꾸어 던질 줄 알게 되고 상대가 무슨 말을 하든 잘 들어주고 잘 받아주게 될 것입니다.

그렇게 어느 정도 경험이 쌓여 능력이 좋아지면, 주제를 확실히 이해하고 상황을 관통하는 날카로운 질문은 미리 준비하기가 쉽지 않다는 것을 깨닫게 될 거예요. 그런 질문은 말하는 사람의 대답에서 찾는 경우가 더 많다는 점도 함께 알게 될 것입니다.

상대의 말에서
질문 재료 찾기

그럼 지금부터 상대의 답에서 질문의 재료를 찾는 연습을 해볼까요? 먼저 예를 들어보겠습니다.

"다람쥐 쳇바퀴 도는 듯한 삶은 이제 정말 싫어."

누군가가 이런 말을 했습니다. 비유나 은유는 사람들이 처한 상황이나 속마음을 그림 카드처럼 보여주는 것입니다. '다람쥐 쳇바퀴 도는 듯한 삶'이라는 표현은 비록 관용적으로 쓰는 말이지만, 상대의 말에서 잡아낼 수 있는 '튀는 부분'이 분명하죠. 이런 튀는 표현을 놓치지 말아야 합니다.

"마음에 확 와 닿는 표현이긴 한데, 좀 더 자세히 말해줄래?"
"다람쥐 쳇바퀴 도는 듯한 삶이 구체적으로 어떤 모습인데?"
"쳇바퀴 속의 다람쥐처럼 사는 게 어떤 기분이야?"

이런 질문을 통해 상대의 마음과 상황에 대한 충분한 이해가 생겼다면, 다음에는 그의 생각에 자극을 주는 질문을 할 수 있습니다.

"다람쥐가 쳇바퀴를 안 굴리면 어떻게 되는데?"

"그 쳇바퀴를 멈추려면 뭐가 필요해?"

이런 도발하는 질문은 더 깊은 대화로 가기 위한 관문이라 할 수 있어요.

이처럼 상대의 말을 그대로 가지고 와서 질문을 하면, 대답하는 사람 입장에서도 말하기가 훨씬 더 수월해요. 그리고 상대 역시 '저 사람이 내 입장에서 내 이야기를 들어주고 있구나' 하는 생각에 안전함을 느끼고 더 깊숙이 자신의 문제 상황을 들여다볼 용기가 생깁니다.

은어를 사용하는 아이와 대화를 하게 된다면, 그 말을 그대로 가져와서 질문하는 것도 좋아요. 은어를 사용하는 것이 바람직하지는 않지만, 아이들의 머릿속 지도를 이해하는 도구로 활용하기에는 은어도 꽤 괜찮거든요. 아이들이 사용한 표현을 그대로 가져와서 질문하면 "너 왜 그러니?" "지금 무슨 생각하고 있는 거야?"라고 묻는 것보다 훨씬 부드럽게 다가갈 수 있으니까요. 아이들 또한 자신들의 말로 질문을 받게 되면, 방어적인 자세를 취하지 않게 됩니다.

좋은 질문을 하는 데도 훈련이 필요합니다. 이런 훈련을 하면 할수록, 여러분은 다른 사람들에 대한 이해의 폭이 커지면서 자신의 생각이 확장되고 더욱 넓은 세상을 품을 수 있게 된다는 걸 느낄 수 있을 거예요. 대화 상대의 입장에서 하는 질문, 그의 대답을 활용해 하는 질문은 상대뿐 아니라 우리를 더 많은 사람과 가능성을 품는 그릇으로 자라게 할 것입니다.

말의 무늬를 찾아
맞춰나가요

"사람마다 독특한 말의 패턴을 갖고 있다. 그것이 음성 언어가 되었든 몸짓 언어가 되었든 마찬가지다. 당신이 상대와 같은 패턴으로 말할 때, 그는 즉각적인 반응을 보일 것이다."

《마음을 움직이는 말Words that Change Minds》의 저자 셰리 로즈 샤벳Shelle Rose Charvet의 귀띔입니다. 사람의 마음을 움직이는 비결이 말의 패턴에 있음을 다시 한 번 증명해주는 주장이라고 할 수 있죠.[12]

말의 패턴에
답이 숨어 있다

대부분의 사람들이 그렇듯이, 저도 변화를 싫어해요. 저는 익숙한 공간에서 익숙한 필기도구로 글 쓰는 것을 좋아합니다. 좀 구식이죠? 그렇다 보니 누군가가 나에게 새로운 환경, 새로운 물건을 제안하면 질색하고 도망가곤 해요. 전자기기의 소프트웨어가 시키지도 않았는데 자동으로 업그레이드된다고 하면, "누가 좀 말려줘!"라고 소리라도 지르고 싶어집니다.

적응하는 것이 번거롭고 일처럼 느껴지는 저는, 익숙한 패턴을 만났을 때 최고의 능력을 발휘합니다. 이런 이유로 저를 움직이려면, 익숙하다는 점을 강조해야 하죠.

"지금 쓰시는 것과 같은 모델이에요."
"최신형이긴 하지만, 사용법은 동일해요."

이렇게 말해야 마음이 움직이는 것입니다.

반면 제 남편은 늘 새로운 것에 흥분하는 타입입니다. 그는 극단적인 얼리 어댑터Early Adapter라서 새로운 것이 나오면 꼭 사서 써봐야 직성이 풀리죠.

"아직 안정화된 기술이 아니라서, 이렇게 일찍 사면 당신이 기술 개발비를 대주는 셈이라고!"

늘 이렇게 핀잔을 주지만 소용이 없어요. 그는 '새로운' '다른'이라는 말에 즉각 반응하며, "이거 전과 같은 사양이에요"라는 말을 듣는 순간 사려던 물건에 대해 모든 흥미를 잃습니다. 이런 패턴을 갖고 있는 사람의 마음을 빼앗고 싶다면, 다음과 같이 말해야 하겠죠.

"올해 나온 최신 모델이에요, 완전히 다른 제품이죠."
"신기술이 도입된 혁신적인 제품입니다. 오늘 저희 가게에 처음 들어왔어요."

이렇듯 사람마다 반응하는 말은 따로 있게 마련입니다. 그러니 대화를 잘 이어가고 싶다면, 상대가 좋아하는 말의 패턴을 파악하고 거기에 내 생각과 말을 정렬시켜야 하죠. 그다음, 상대의 패턴에 맞춰 그의 마음을 움직일 수 있는 질문을 만들어야 합니다.

사람이 특정 상황에서 어떻게 반응하는지 미리 예측하고, 이에 따라 어떻게 말할지 아는 것은 매우 중요한 능력입니다.

특히나 훌륭한 리더, 좋은 대화자는 자기가 하고 싶은 말을 하는 게 아니라, 같은 말이라도 사람의 패턴에 따라 다르게 표현할 줄 압니다.

언어 패턴에 귀를 기울이는 배려 깊은 행동은 상대로 하여금 자신이 존중과 이해를 받고 있다고 느끼게 만들어줍니다. 이로써 상대는 자연히 당신의 말을 거부감 없이 받아들이게 되고, 상대와 나 사이에는 합의가 이루어질 수 있는 것이죠.

상대와 말의 무늬 맞추기

말의 패턴을 맞추기 위해서는 사람들이 사용하는 서술어에 주목하는 것도 좋은 방법이에요. 서술어란 무엇이 '어떠하다' 누가 '어찌하다'에 해당하는 것으로, 사람과 사물이 동작이나 상태, 성질 등을 설명하는 동사 혹은 형용사를 의미합니다. 자세히 관찰해보면, 사람마다 즐겨 사용하는 서술어가 다른 것을 알 수 있어요.

제가 진행하는 말하기 수업에서는 발표자 못지않게 청중의 역할도 중요해요. 모든 학생들은 발표가 끝나면 발표자에게 피드백을 주도록 훈련받는데, 피드백도 하면 할수록 늘고 발표력 또한 놀랄 만큼 좋아집니다.

그런데 가만히 듣고 있자면, 학생마다 피드백을 할 때 재미있는 차이점을 발견할 수 있어요.

"참신한 아이디어가 빛났고 눈에 띄는 도표와 사진 자료가 이해하는 데 도움이 됐습니다. 앞으로의 연구 방향을 일목요연하게 제시해주어 목표 달성도 분명해 보입니다."

"발표자의 단호한 어조에 믿음이 갔습니다만, 언급된 실행 계획이 구체적으로 들리지 않았습니다. 전반적으로 발표자의 제안에 동의하며 긍정적으로 들었습니다."

"우리의 현안을 제대로 파악하고 있다고 느꼈습니다. 날카로운 분석과 섬세하지만 무게감 느껴지는 발표 스타일은 그의 부드러운 리더십을 잘 전하는 것 같습니다."

첫 번째 학생의 말을 살펴보면, 자신에게 주어지는 정보를 시각화한 표현이 두드러집니다. 반면, 두 번째 학생은 청각화한 표현, 세 번째 학생은 촉각화한 표현이 서술어로 자주 등장합니다. 이처럼 사람들은 자신의 경험을 이야기할 때 시각, 청각, 촉각, 미각, 후각 등 모든 감각을 동원하는데요. 그 가운데 특별히 선호하는 감각이 있게 마련입니다. 이는 사람마다 자신이 주로 사용하는 감각 기관으로 사건을 인지하고, 이를 말로 표현하기 때문이죠. 작가처럼 표현력이 풍부한 사람들은 자신이 말하고자 하는 것을 여러 가지 감각을 동원해 공감각적으로 표현하기도 합니다.

이렇듯 자주 사용하는 서술어는 그 사람이 생각을 다루는 방식을 반영합니다. 따라서 이를 일치시키는 것은 상대의 입장에서 말하고 상대의 공감을 이끌어낼 수 있는 아주 훌륭한 방법입니다.

한편, '평가하다' '결정하다' '처리하다' '생각하다' '진행하다' 등과 같이 중립적인 서술어를 사용하는 타입의 사람도 있는데요. 이렇게 객관적으로 말하기를 좋아하는 사람들에게 감각적으로 말하면 효과가 없겠죠. 이런 사람에게는 감정적인 호소보다 객관적인 수치나 조사 결과 등을 가지고 논리적으로 대화하는 편이 좋습니다.

이렇듯 상대와 말의 무늬를 맞춰 말하면, 상대는 내가 자신과 비슷하게 말하는 사람이라는 생각에 왠지 모를 편안함과 동질감을 느낄 것입니다. 많이 노력하지 않아도 상대를 배려할 줄 알고 상대 입장에서 말할 줄 아는 사람은 타인에게 신임과 사랑을 동시에 받는 리더로 타고난 사람이라 할 수 있지요.

하지만 그렇지 못한 대다수의 우리는 상대 입장에서 말하려는 노력과 훈련을 거쳐야만 더 나은 대화자가 될 수 있을 거예요. 왠지 모르게 말 잘 통하는 사람들에게는 이렇듯 말의 무늬까지도 맞춰나가려는 숨은 노력이 존재한다는 사실, 꼭 기억하시기 바랍니다.

전략적 질문이
우리의 인생을 바꿉니다

살면서 한 번도 생각해보지 않은 질문을 받아본 적 있나요? 강력하고도 허를 찌르는 듯한, 그래서 듣자마자 머리가 하얗게 되어버리는 질문. 이런 질문을 받으면 일단 당황스럽죠. 그런데 때로는 강력한 질문 하나가 인생을 바꿔놓기도 합니다.

질문이 얼마나 많은지, 그 표현이 얼마나 화려한지는 중요하지 않죠. 새로운 발견과 변화를 이끄는 질문이야말로 강력한 질문이라고 할 수 있어요. 진리가 단순하듯이, 강력한 질문은 간결합니다.

또한 강력한 질문은 전략적이에요. 여러 질문 가운데 무엇을 택할 것인가 하는 기준은 '나의 궁금증'이 아니라 '상대에게 가장 필요한 것'에 있어야 합니다. 상대를 잘 이해하기 위한 질문, 그의 변화와 성장에 도움이 되는 질문을 전략적으로 선택해야 하는 것입니다.[13]

'원인'보다 '해법'에 집중하는 질문

<blockquote>
"왜 그랬는데?"
"팀장이 뭐라고 했는데?"
"그래서 그다음에 어떻게 됐는데?"
</blockquote>

어디서 많이 들어보았던 말이죠? 아니, 평소 여러분이 누군가의 이야기를 들어주다가 많이 해봤던 말일지도 모릅니다.

우리는 흔히 어떤 일이 생기면 이런 식으로 앞뒤 상황을 묻곤 합니다. 그러나 이런 질문은 문제 해결을 위한 전략적인 질문이라고 볼 수 없어요. 이미 벌어진 사건을 다시 생각하게 하고, 자신의 행동을 합리화하거나 변명하게 할 뿐이니까요. 또한 시선을 사건 자체에 집중하게 하고, 감정 역시 점점 부정적으로 변하게 할 수 있습니다.

"일이 그렇게 되어버려서 지금 기분이 어떠세요?"

"이 일이 앞으로 어떤 영향을 주게 될까요?"

"이 일로 다르게 생각되는 부분이 있나요?"

"그래서 앞으로 어떻게 할 생각이에요?"

이것이 좋은 질문입니다. 문제 자체에 파고들게 하기보다 앞으로의 방향에 대해 생각하게 하는 질문이라는 것이죠. 과거의 사건에 시선을 고정시키는 것이 아니라, 미래 지향적인 해법을 여러 방향에서 모색하게 하는 전략적인 질문이 필요한 것입니다.

전략적인 질문은 주로 '누가' '언제' '어디서' '무엇을' '어떻게' 등을 활용해 하는 것이 좋습니다. 이 가운데 어떤 의문사를 사용할지는 상황에 따라 결정하면 됩니다. 대화를 하는 순간, 상대에게 가장 중요하고 의미 있는 질문을 따라 조각보를 이어가듯이 다음 질문을 이어나가면 되는 것이죠.

좋은 질문이라고 늘 편안한 질문은 아닙니다. 때로는 묻는 사람이나 대답하는 사람 모두에게 다소 불편하고 예민한 질문이 좋은 질문일 수 있죠. 하지만 필요하다면 양해를 구하고, 상대와 혹은 상황과 직면할 수 있는 질문을 할 필요가 있습니다.

보석이 가치가 있는 것은 힘든 채굴 과정을 거치기 때문이죠. 고단한 과정을 이겨내고 마침내 표면의 흙을 닦아낸 다음 빛나는 보석을 얻는 것처럼, 대화 역시 알지 못하는 영역을 탐구하여 보석과도 같은 정보를 찾는 과정이라고 보셔야 합니다.

보석을 채굴하는 것이 어디 쉬운 일일까요? 우선은 상대가 말하지 않은 숨은 정보를 찾기 위해 인내심과 호기심을 가지고 경청하는 시간이 필요할 테고요. 그다음에는 적당한 때 강력한 질문을 던져 상대가 미처 몰랐던 것들을 발견하고 새로운 것들을 깨닫게 하는 전략이 필요할 것입니다.

누군가가 다음과 같이 말했다고 해볼게요.

"도저히 적성에 안 맞아서 못 해 먹겠어요."

이 말에 대해 전략적인 질문을 던진다면, 어떤 것이 있을 수 있을까요?

"부서가 적성에 맞지 않다는 게 어떤 의미죠?"
"적성에 맞는 일을 할 때 당신의 동료들은 어떤 모습을 보게 될까요?"

"적성에 맞는 일을 한다는 것은 당신 인생에 무슨 의미인가요?"

"그것을 어떻게 알죠?"

"그렇게 생각하는 이유는 뭔가요?"

이런 질문들을 통해 우리는 상대가 어떤 사람인지, 그에게 중요한 것이 무엇이며, 그의 관심과 근심이 어디로 향해 있는지 등을 알 수 있습니다. 시시콜콜 이야기의 줄거리를 물어보기보다는 상대를 이해하고 도움을 줄 수 있는 전략적인 질문들을 생각해 던져보세요.

'닫힌 질문'보다
'열린 질문'

전략적인 질문은 대답이 다양하게 나올 수 있는 열린 질문으로 하는 게 좋습니다.

예전에 제가 방송 인터뷰를 할 때 가장 힘든 사람은 어떤 질문을 해도 단답형으로 말하는 사람이었어요. 그것도 생방송에서 앵커의 질문보다 짧게 답하는 사람과 인터뷰하는 것만큼 진땀나는 일도 없었죠. 이런 사람들에게는 절대로 닫힌 질문을 해선 안 됩니다. "다음에 또 나와주시겠어요?"라고 물었는데, "아니오"라고 하면 끝이니까요.

이처럼 "예" 혹은 "아니오"로 답할 수밖에 없도록 하는 닫힌 질문은 창의적인 답변과 여러 가능성들을 차단해버리고 맙니다. 이렇게 되면 궁극적으로 대화를 이어나가기가 여러모로 힘들게 되죠.

가능한 한 상대가 많이 생각하고 여러 가지 행동 가운데 하나를 선택하게 하는 열린 질문을 해야 해요. 우리가 강력한 열린 질문을 던질수록, 상대는 그 질문에 답하기 위해 생각을 하게 되고, 상상의 나래를 펼치게 됩니다. 그러다 때로는 자신의 고정관념에 반기를 들면서 완전히 다른 각도에서 상황을 바라보게 되죠.

열린 질문은 사람들의 잠재의식을 흔들고, 미처 생각지도 못했던 가능성이나 새로운 깨우침을 주기도 합니다. 이렇게 열린 질문을 주고받으며 무슨 말이든 거침없이 하고, 어떤 생각이든 자유롭게 공유할 수 있어야 다양하고 창의적인 해법을 얻을 수 있죠.

다음은 열린 질문과 닫힌 질문을 비교해놓은 것입니다. 둘 사이의 차이를 살펴보고, 다양한 답이 나올 수 있는 열린 질문을 연습해보세요.

- **닫힌 질문** "현재 회사에 계속 다니겠습니까?"
- **열린 질문** "현재 회사에 얼마나 다니실 생각이세요?"

- **닫힌 질문** "이제 취업을 할 때라고 생각하지는 않나요?"
- **열린 질문** "어떤 진로 계획을 갖고 있나요?"

- **닫힌 질문** "상사와의 관계를 개선할 필요가 있습니까?"
- **열린 질문** "상사와의 관계에서 좋은 점과 또 어색한 점은 무엇인가요?"

'왜'냐고 묻지 마세요

어떤 경우에도 '왜'냐고 묻지도, 따지지도 마세요. 누군가가 "왜 그랬어?" 하고 묻는 순간, 사람들은 자동적으로 방어적인 태도가 튀어나옵니다. 자신이 한 행동을 합리화하거나 변명을 하게 되죠.

상대의 행동에 대한 이유나 배경을 알고 싶다면, 왜냐고 묻는 대신 다음과 같이 질문해보세요.

"어떻게 그런 생각을 하게 되었나요?"
"그렇게 생각한 이유가 무엇인가요?"

이런 질문을 받은 사람은 변명 대신 답을 하기 위해 보다 사실적이고 구체적인 생각을 하게 될 것입니다. 사실 그냥 궁금해서 왜냐고 물을 수도 있지만, 듣는 사람의 입장에서는 이것이 비난으로 들리거나 이로 인해 상황에 문제가 있는 것처럼 여겨질 수도 있습니다. 특히 자신보다 높은 위치의 사람이 그렇게 물을 때는 더하죠. 그러니, 같은 말이라도 다르게 묻는 표현들을 생각해보세요.

스스로 깨닫게 하는
질문의 힘

"머리를 들지 마세요."

제가 처음 골프를 배우기 시작했을 때부터 지금까지 코치에게서 가장 많이 들었던 말입니다. 분명히 머리를 들지 않은 것 같은데, 코치는 자꾸만 머리가 들렸다며 저를 나무랐죠. 그렇지만 저처럼 몸치인 사람은 아무리 말로 설명해줘도 못 알아들어요. 배운 대로 몸을 쓰기가 여간 괴롭고 힘든 게 아닐 때가 많았습니다.

그런데 그 이후에 만나게 된 훌륭한 골프 코치는 제게 이렇게 말하더라고요.

"공을 때릴 때 무엇을 봤나요?"

"머리의 위치는 어디였나요?"

이 질문에 답하기 위해, 저는 공을 치는 동작에 더 집중하게 되었고, 어떻게 해야 머리를 들지 않을 수 있을지 스스로 고민하기 시작했습니다.

사람이 지시받은 대로 다 해낼 수 있다면, 이 세상에 문제될 것이 없을 거예요. 그러나 지시를 잘 들었다고 해서, 굳건히 마음을 먹었다고 해서, 곧바로 변할 수 있는 게 아니죠. 듣는 것과 깨닫는 것 사이에는 정말로 큰 차이가 있습니다.

"아, 이 말이었구나!"

골프를 할 때는 몸에 힘을 빼고 머리를 들지 말아야 한다는 말을 초보 때부터 들었지만, 실제로 그것을 어떻게 구현해야 할지 깨닫는 데는 20년이 걸렸습니다. 이런 사람이 비단 저뿐일까요.

말로 상세하게 설명을 해서, 지시를 구체적으로 잘 내려서, 사람을 변화시킬 수 있다는 환상을 버려야 해요. 사람이 변화하려면, 먼저 깨달아야 하는 것입니다.

고정관념을 깨뜨리고
생각을 확장시키고

깨달음을 얻기 위해서는 일단 자신이 가진 생각의 틀을 깰 수 있어야 합니다. 그게 힘들다면 최소한 생각의 폭을 확장시키거나, 생각의 각도를 조금이라도 틀 수 있어야 하죠.

상대가 고정관념에 갇혀 꼼짝하지 않을 때, 우리는 그가 "정말 그런가?" 하고 다시 생각할 수 있도록 해주는 질문을 던져야 합니다. 이런 질문은 문제를 해결하고 대화를 성공적으로 이끄는 핵심적인 해법입니다.

일단 생각이 확장되면, 문제 상황에 대한 이해가 달라집니다. 우물 안 개구리에서 벗어나면, 새로운 것들이 눈에 들어오죠. 문제가 더는 문제로 보이지 않거나, 자신이 할 수 있는 것이 많다는 것을 알게 됩니다.

문제 해결을 위한 선택지가 많아지면, 자신감이 올라가겠죠. 변화하고자 하는 결심은 굳어지고, 장애물이 있어도 이를 극복하고 앞으로 나아갈 힘이 생길 겁니다.

"다른 각도에서 보면 무엇이 보이나요?"
"모든 일에 책임을 져야 한다고 생각하는 이유는 무엇이죠?"

"어떻게 그렇게 확신해요?"

"그렇게 생각해서 얻는 게 무엇인가요?"

당연한 생각에 이의를 제기하는 질문을 해보세요. 이런 질문은 생각의 감옥에 갇힌 이들에게 한 줄기 빛이 되어줄 수 있습니다. 생각이 확장되면, 무엇보다 더는 부정적인 감정에 끌려다니지 않게 됩니다. 대화를 하다 보면 상대가 화난 것처럼 보이지만, 사실 그런 모습은 두려움 때문이거나 열정이 과해서일 경우가 많거든요.

상대의 생각을 흐리게 하는 필터가 무엇인지 잘 알아차리고, 이 필터의 존재를 상대가 깨닫도록 하는 질문이 무엇일지 고민해보세요. 스스로 속고 있는 감정은 없는지, 감정과 사건을 혼동하고 있는 건 아닌지 돌아볼 수 있게 하는 질문도 좋습니다.

"지금 어떤 감정을 느끼나요?"

"그렇게 하지 않으면 무슨 일이 생길까요?"

"감정에 치우친 나머지 놓치고 있는 사실은 무엇일까요?"

"자신이 정말 무능하다고 100퍼센트 믿는 거예요?"

"당신의 예언이 빗나갔던 경험을 말해보세요."

만약 나 자신이 고정관념에 갇혀 문제를 해결하지 못하고 있는 당사자라면, 이런 질문을 스스로에게 던지고 차분히 답해보는 자문자답의 시간을 갖는 것도 좋습니다. 생각을 정리하기 어렵다면, 종이를 꺼내놓고 하나하나 써보는 것도 좋아요.

이런 과정을 통해 자신의 '생각의 필터'가 효율적이지 않았음을 깨달았다면 어떻게 해야 할까요? 이미 일어난 사건을 바꾸려고 애쓰기보다는 그것을 바라보는 관점을 바꾸는 것이 훨씬 효과적입니다. 관점이 바뀌면 말이 바뀌고, 기분도 따라 바뀌죠. 그리고 가장 중요한 점, 관점을 바꾸면 생각보다 우리가 할 수 있는 일이 훨씬 더 많다는 것을 알게 됩니다.

"당신에게 어떤 생각이 도움이 될까요?"
"다르게 생각해보면 어떤 가능성이 있나요?"
"변화된 관점으로 보니 어떻습니까?"
"지금 알게 된 것을 어떻게 사용할 수 있을까요?"
"지금 알게 된 것을 언제 사용할 수 있을까요?"
"놓치고 있는 부분은 무엇일까요?"

관점이 달라져 시야가 확장되면 생각하는 힘이 생기고, 사고는 유연해집니다. 더 많은 것을 받아들이며 자신과 세상을 보는 시선이 관대해지죠. 나와 다른 사람의 생각이 다를 수 있음을 인정하게 되면서 관계는 회복되고, 대화를 통해 서로 원하는 것을 얻을 수 있습니다.

이런 질문들을 통해 새롭게 깨달은 것이나 발견한 것이 있다면, 큰 소리로 말해보세요. 변한 생각을 새로운 언어로 말하는 것은 매우 좋은 훈련입니다. 우리의 생각은 말을 바꾸고, 행동을 바꿉니다. 반대로, 말에도 생각을 바꾸는 강력한 힘이 있고요.

자각 후에는
변화가

"나는 오직 알고 있는 것만 컨트롤할 수 있다. 알지 못하는 것은 나를 컨트롤할 뿐이다. 나는 자각Awareness을 통해 더 강력해진다. 스스로 깨닫는 능력은 변화의 중요한 요소로, 자신이 무엇을 보고 듣고 느끼는지 제대로 인지하고, 주위에서 벌어지고 있는 사건을 있는 그대로 해석하는 능력이다."

코칭의 선구자 존 휘트모어John Whitmore의 말입니다.[14] 운동 선수에게 신체 감각에 대한 자각 능력이 중요한 것처럼, 스스로 깨닫는 능력은 변화와 발전을 위해 꼭 필요하다는 점을 강조한 말이죠. 자신이 경험하고 있는 일을 왜곡하지 않고 있는 그대로 알아차리는 것이야말로 모든 문제 해결의 출발점이라 할 수 있어요. 따라서 상대의 자각을 유도하는 강력한 질문이 필요한 것입니다.

이제, 지시를 받았다고 바로 실천하지 못하는 사람을 나무라선 아무 소용이 없다는 걸 아셨죠? 그랬다간 서로 어색해지고 계속해서 관계만 멀어질 뿐이에요. 누군가를 말로 움직이고 싶다면, 그를 어떻게 깨닫게 할지, 동기부여를 할 방법이 무엇일지 고민해야 하는 이유입니다.

깨달음을 주는 강력한 질문이 중요한 이유는 자각 후에 생기는 변화가 드라마틱하기 때문입니다. 아직 문제가 해결된 것이 아니어도, 자신에게 문제 해결의 열쇠가 있음을 알아차리는 것만으로 자신감이 생기고 얼굴 표정부터 달라질 수 있어요. 구체적인 문제 해결의 방법을 찾는 데 있어 적극적인 태도를 갖게 되고, 에너지도 상승하게 됩니다.

때때로, 이런 강력한 질문을 하고 나면 긴 침묵이 흐르기도 합니다. 이때는 상대가 질문을 소화하고 생각할 시간을 여유 있게 주는 것이 좋아요. 자신도 미처 몰랐던 것들을 대면하는 시간을 가지면서 생각이 더 깊어지고 확장될 수 있도록 상대를 기다려주세요.

이미 충분한 능력을
갖고 있음을 알도록

그렇다면 스스로 깨닫도록 이끌어주는 강력한 질문이란 무엇일까요?

첫째, 어떤 목표를 달성하거나 문제를 해결하는 데 필요한 능력과 자원을 이미 내가 가지고 있음을 깨닫게 하는 질문입니다. 많은 경우, 사람들은 자신이 가지고 있는 것들을 제대로 보지 못하고, 남의 능력을 부러워하곤 해요. 하지만 그렇게 한다고 해서 해결되는 문제는 하나도 없죠. 자신의 생각과 감정, 배경, 신체적 조건과 재능 등 다른 사람과의 차이를 인정하고, 자기가 가진 자원을 가장 효율적으로 활용하는 것만이 우리가 할 수 있는 일인 것입니다.

이미 가지고 있는 재능을 깨닫게 하는 질문, 너무나 하찮다고 생각해 미처 활용하지 못하는 능력들은 없는지 묻는 질문은 매우 강력한 힘을 발휘합니다. 이는 전쟁을 치르러 나가는 용사가 자신의 무기고에 어떤 무기들이 들어 있는지 모를 때 이를 상세히 알려주는 것과 같아요.

"박 과장을 부러워해서 달라지는 게 뭐죠?"

"당신이 지금 컨트롤할 수 있는 것이 무엇인가요?"

"똑같은 하루가 반복된다면 어떻게 하겠어요?"

"이번에는 어떤 능력과 자원을 활용하시겠어요?"

"이 일에 도움을 줄 만한 사람은 누가 있을까요?"

"전에 비슷한 일을 처리했을 때 어떤 방법을 사용했나요?"

"당신이 능력 있고 자신감 넘쳤을 때 있었던 일을 생각해 보세요."

"당신이기 때문에 할 수 있는 것에는 뭐가 있을까요?"

"당신의 잠재력을 억압하는 것은 누구인가요?"

"당신의 감정을 어떻게 하면 객관적으로 바라볼 수 있을까요?"

"당신 안의 '있는 그대로 바라보기'를 방해하는 요소는 무엇인가요?"

이렇게 상대가 시선을 자기 내면으로 돌려 스스로 할 수 있는 것들을 찾도록 도와야 합니다. 문제 해결 능력이 자신에게 있다는 것을 아는 순간, 사람들은 자신감을 갖고 스스로 더 나은 해결 방법을 찾기 위해 노력하기 시작합니다. 이처럼 스스로 깨닫게 하는 질문은 상대의 모습을 비추는 거울과도 같아서 상대는 다양한 각도의 질문에 따라 자신의 모습을 비춰보게 되죠.

시선을 다른 데로
돌릴 수 있도록

많은 사람들이 문제에 대해 깊이 생각해야 답을 찾을 수 있다고 믿지만, 이는 머리만 아플 뿐입니다. 실제로 코칭을 해보면, 사람들이 '되는 일'보다는 '안 되는 일'에 매달릴 때가 훨씬 많다는 것을 알 수 있습니다. 상대가 이런 상태일 때는 문제에 꽂혀 있는 시선을 해법으로 돌리고, 할 수 없는 것보다는 할 수 있는 것들을 더 많이 바라볼 수 있도록 질문해보세요.

회사 사무실로 가볼게요. 부서원이 당혹스러워하며 상사를 찾습니다.

"지난번 회의 때 결정된 내용이 진행되지 않고 있습니다."

이럴 때, 열정이 많은 상사일수록 문제를 해결해주고자 많은 말을 하고, 어떻게 해야 할지까지 일러주곤 합니다. 다음과 같이 말하는 식이죠.

"어디 뭐가 잘못됐는지 봅시다."
"이런 경우엔 이렇게 했어야지."

이런 식의 말은 상대가 스스로 상황을 해결할 기회를 빼앗는 것과 다름없습니다. 지혜로운 상사라면 다음과 같이 질문으로 대화를 이끌 거예요.

"문제를 해결하는 데 가장 걸림돌이 되는 건 무엇인가요?"
"그 장애물이 없다면 어떻게 할 생각인가요?"
"내가 무엇을 지원해줘야 할까요?"
"당신의 노력으로 해결할 수 있는 건 무엇이죠?"
"지금까지 시도해보지 않았던 방법은 무엇인가요?"
"이 일을 진행하지 않을 경우, 어떤 일이 생길 것 같나요?"

이런 질문은 궁극적으로 사람의 생각과 함께 행동까지도 변화하도록 이끕니다. 새로운 변화에 대한 필요를 깨달았다

해도, 행동이 뒤따르지 않으면 그건 뇌 운동에 불과하죠. 그러니 대화를 하면서 상대의 생각이 변화됐으면, 행동으로 이어지는 질문을 해야 하는 것입니다.

호응의 기술

대화법 중에 'E.A.R.S.'에 대해 들어보신 적 있나요? 이는 각각 'Elaborate(상세히 하기)' 'Affirm(인정하기)' 'Reflect(반사하기)' 'Summarize(요약하기)'의 앞머리 글자인데요. 대화가 멋진 결실을 맺기 위해 반드시 필요한 호응의 기술을 알려줍니다.

상세히 하기 Elaborate 들은 말을 받아 상세히 되묻는 것입니다. 하고자 하는 바를 묘사하듯이 구체적으로 말하다 보면, 일의 중요성을 깨닫고 목표에 집중할 수 있게 됩니다.

예) "그렇게 되면 사람들의 반응은 어떨까요?"

　　"희망하는 성과를 거둔다면 무엇이 좋을까요?"

　　"지금 이 상태로 변하지 않는다면 무슨 일이 생길까요?"

　　"좀 더 자세히 말해보세요."

인정하기Affirm 상대를 인정해주면 변화하고자 하는 마음이 강화됩니다. 긍정적인 말로 호응을 받을 경우, 사람들은 자신감 있게 행동하게 되거든요. 하지만 이 방법을 너무 자주 사용하거나 무조건 칭찬만 해선 곤란합니다.

예) "참 좋은 생각이네요. 제가 보기에도 그럴 것 같아요."

　 "아주 좋은 말이에요."

　 "오랫동안 준비한 흔적이 보여요."

반사하기Reflect　상대가 한 말을 거울처럼 반사해 들려주는 단순한 기술입니다. 들은 말을 그대로 따라 하는 단순한 기술이 결코 쉽지 않은 이유는 사람들이 충고하기를 좋아하기 때문이죠. 하지만 거울은 말이 없습니다. 본 대로, 들리는 대로 반사하는 말하기는 오히려 강력한 힘을 발휘합니다.

예1) "하고 싶은 일이 하나도 없어요."

　 "하나도 없다고요?"

예2) "오늘 발표를 전부 망쳐버렸어요. 난 완전히 끝이에요."

　 "처음부터 끝까지 전부 다 망쳐버렸다고요?"

요약하기Summarize　상대의 말을 요점만 정리해 반복하는 것입니다. 이로써 말을 제대로 이해했는지 확인할 수 있고, 상대에게 '내가 당신의 말을 경청하고 있다'는 신호를 보낼 수 있습니다. 상대는 말한 내용과 느낀 점, 결심 등에 대해 다시 한 번 들음으로써 변화의 필요성이나 중요성을 깨닫게 됩니다.

예) "…라고 말했는데, 제가 잘 알아들었나요?"

"…라는 말씀이시군요, 맞나요?"

스스로 변화하게
도와주세요

대화는 기술일까요, 과학일까요?

답부터 말하자면, 둘 다입니다. 이 책을 쓰면서 저는 긍정심리학, 정신분석학, 신경 언어 프로그래밍, 뇌과학 등을 바탕으로 하는 코칭 이론과 도구 들을 두루 연구했습니다. 이는 모두 능력 개발과 가치 향상을 위한 것으로, 일상에서 사용하는 말을 통해 어떻게 그 목표를 달성하는지 보여주는 과학입니다.

1975년 하버드대학교의 교육자이자 테니스 코치인 티모시 골웨이Timothy Gallwey는 테니스를 직접 가르치는 것보다 사람들이 잠재된 능력에 집중할 때 더 쉽게 배우고 놀라운 성과를 낸다고 주장했습니다. 그 후 코칭의 선구자 존 휘트모어가 이를 기업에 적용해 자기 자신과 대화하는 방법을 개발하고, 스스로 문제점을 깨닫게 하는 관리법을 세계에 전파했습니다.

코칭 대화는 기술을 가르치던 스포츠 코치와 달리 내적 장애물을 제거하여 스스로 성장하게 합니다. '인생이나 전문 영역에서 최고의 잠재력을 발휘하도록 생각을 자극하는 창의적 파트너십'을 기본으로 하는데, 여기서 주목할 것은 '파트너십'입니다. 즉, 가르침에 의존하지 않고 스스로 성장하게 돕는다는 것이죠.[15]

이미 서구에서는 많은 기업들이 코칭 리더십을 추구하고 있으며, 성공한 CEO, 앞서가는 리더들은 코칭 대화를 하고 있습니다. 세계적인 경영자 르노닛산자동차의 카를로스 곤Carlos Ghosn 회장은 스스로를 '코치'라고 부를 정도이니까요.

이들 기업은 자유로운 코칭 대화를 통해 직원들이 잠재된 능력을 주도적으로 사용하는 분위기를 만듭니다. 명령이나 질책이 아닌, 자유로운 토론과 강력한 질문을 통해 스스로 문제점과 대안을 파악하게 하는 것이죠. 코칭 대화는 조리 있게 말을 하고 노련하게 협상하는 것을 넘어, 상대의 자존감을 높여주고 개인이나 조직을 자발적으로 변화하게 하는 힘이 있습니다. 또 성공에 필요한 자원이 이미 '내 안에 있음'을 깨달아 '최고의 나'로 살게 하는 능력이 있습니다.

문제에 집중하기보다 해법에 집중하고, 정답을 찾기보다 다양한 대안을 탐색하고, 명령하고 지시하기보다 자유로운 소통으로 기대 이상의 성과를 내고, 남과 비교하기보다 최고의 나로 살게 하는 대화법에 우리 모두 관심을 가질 때입니다.

3장 · 긍정적으로 말하면 뇌도 건강해져요

말조심해,
뇌가 듣잖아!

"우리가 웃고 떠들고 기뻐하고, 때론 낙담하고 슬픔과 고통에 몸부림치는 것이 모두 다 뇌 때문이라는 것을 알아야 한다. 뇌로 인하여 보고 들으며, 지혜와 지식을 얻고, 반칙과 공정함, 좋음과 나쁨, 달콤함과 불쾌함을 느낀다. 게다가 때때로 우리를 화내게 하고 헛소리를 하게 하며 무서움과 공포에 공격당하게 하기도 한다. 뇌가 건강하지 않으면 우리는 이 끔찍한 일들을 견뎌야 하니, 나는 뇌가 인간의 몸에서 가장 큰 힘을 가진 장기라고 생각한다."[16]

기원전 400년경 의학의 아버지라 불리는 히포크라테스가 한 말입니다. 말하기 책에서 갑자기 뇌 이야기를 꺼내 당황하셨을지도 모르겠네요. 그런데 우리가 말하고 느끼고 생각하고 행동하는 그 모든 것이, 실은 뇌와 관련이 있답니다.

뇌의 건강이
얼마나 중요한지

뇌는 '인성Personality'의 장기라고 불릴 만큼 중요하지만, 우리 대부분은 뇌에 참 관심이 없습니다. 아침에 일어나 거울을 보고 머리칼이 빠졌다거나 주름살이 늘어난 것에는 민감하지만, 보이지 않는 뇌까지 신경 쓸 여유가 없는 것도 사실이죠.

하지만 건강한 뇌는 우리의 말과 인간관계 나아가 사회생활에 큰 영향을 줍니다. 또한 노력에 의해 뇌는 바뀔 수 있으며, 뇌가 바뀌면 인생도 바뀌게 된다고 해요. 좋은 말하기를 하려는 우리가 먼저 뇌에 관심을 가져야 하는 이유가 여기에 있습니다.

긍정적인 말을 사용해야 한다는 것은 누구나 알고 있는 사실입니다. 하지만 막상 사람들과 대화를 하다 보면, 자기감정을 조절하지 못하고 나오는 대로 말하는 경우가 얼마나 많던가요! 저 역시 부정적인 말을 내뱉고는 돌아서서 후회하는 일이 정말 많습니다. 그럴 때마다 제 성품이나 의지 부족을 탓하게 되고요.

정신과 의사이자 세계적인 임상신경과학자인 다니엘 에이면Daniel Amen 박사는 이를 단순히 개인의 언어 습관이나 의지, 성품의 문제로 보지 않고, 뇌의 생리적 작용으로 설명합니다. 쉽사리 성내고 부정적으로 말하던 습관을 해결할 수 있는 실마리가 슬슬 보이는 것 같지 않나요?

그는 뇌의 단일광자 단층촬영Single Photon Emission Computed Tomography, SPECT으로 환자와의 면담을 통해 진단하지 못한 많은 정신 질환을 객관적이고 정확하게 치료하는 데 기여했습니다. SPECT 이미지는 혈액의 흐름과 뇌의 활동성을 보여주는데요. 건강한 뇌는 표면이 고르고, 보기에도 좋아요. 하지만 건강하지 못한 뇌는 쭈글쭈글하고 손상이 보이죠. 또 질환의 종류에 따라 뇌의 특정 부위가 지나치게 활성화되어 있거나, 반대로 활동성이 없는 모습을 보이기도 합니다.

수년간 〈뉴욕타임스〉 베스트셀러 자리를 지킨 대니얼 에이면Daniel G. Amen 박사의 책《그것은 뇌다Change Your Brain, Change Your Life》에는 여러 장의 뇌 사진들이 실려 있어요. 신기하게도, 성난 뇌와 기쁜 뇌, 감사할 때의 뇌와 불안할 때의 뇌는 완전히 다른 모습이에요. 기도를 하기 전과 후 뇌의 혈류량 역시도 확실한 차이를 나타냅니다.

저는 우리의 감정과 말에 따라 뇌가 어떻게 반응하는지를 눈으로 직접 확인하고 나니, 정말 함부로 말해서는 안 되겠다는 각성을 하게 됐어요. 그러고는 그동안 한 번도 생각해본 적 없던 나의 뇌가 어떤 모습일지 궁금해졌습니다.

에이먼 박사는 힘주어 말합니다.

"나는 환자와 가족들에게 치료 전과 치료 후의 사진을 꼭 보여준다. 변화된 뇌를 눈으로 직접 보면 환자 스스로 건강한 뇌를 갖고 싶다는 희망을 갖게 되기 때문이다. 건강한 뇌를 갖는 것이 얼마나 중요한지를 깨달은 환자는 적극적으로 치료에 임하고, 가족들 또한 이러한 점을 더 잘 이해하고 도와주게 된다."[17]

무엇보다 우리는 몸과 마음을 지켜야 합니다. 어느 한쪽이 변화하면 다른 쪽도 변하기 때문입니다. 불쑥불쑥 불안하고 부정적인 생각이 드는 것을 막을 수는 없겠지만, 오늘부터라도 의식적으로 좋은 일을 기억하려 하고, 자신에게 힘이 되는 긍정적인 말을 하기로 결심해보세요.

뇌를 알면
보이는 것들

뇌 과학자들이 밝힌 뇌의 중요한 다섯 부분을 간단히 소개해드릴게요. 인간의 감정과 생각, 행동에 영향을 주는 뇌의 주요 영역에 대해 알고 나면, 내 뇌 타입에 따른 치료법과 음식, 생활 습관 등 뇌를 건강하게 지키는 방법들을 받아들이기 훨씬 쉬워질 것입니다.

저는 여기에 뇌 타입에 따른 효과적인 소통 방법과 불안을 줄이고 긍정적인 마음을 지키는 대화법을 더해, 여러분이 실제 대화에서 도움받을 수 있도록 했습니다. 뇌과학을 공부한 이후 저 역시도 건강한 마음으로 소통하고, 상처받지 않고, 안정감과 행복감을 느끼는 것은 바로 우리의 뇌를 이해하는 데서 출발한다고 믿게 되었다는 점을 미리 말씀드리고 싶습니다.

변연계Limbic System

변연계는 뇌의 중심에 있으며 사람의 기억, 감정, 욕구와 행동에 관여해요. '감성의 뇌'라고도 불리는데, 세상을 해석하는 머릿속 필터에 영향을 주어 사건에 감정을 입히죠. 세상모든 일을 부정적으로만 본다면, 변연계 이상을 의심해볼 수 있어요. 변연계가 차분하면 긍정적인 감정을 갖고 지나치게 활성화되면 부정적인 감정을 갖게 되는데, 뇌는 격한 감정을 더 잘 기억한다고 합니다.

변연계는 사람의 기분이나 감정뿐만 아니라 친밀감 형성에도 관여합니다. 부모와 일주일에 7분 이하로 대화하는 자녀는 유대감 형성이 불가능하다고 해요. 반면, 어린 시절 부모와 충분한 시간을 보내며 친밀감을 쌓은 아이는 보다 긍정적인 생각과 행동을 하게 됩니다.

이 부분이 너무 활성화되면 슬퍼지고, 우울감과 사회적 고립감을 느끼며, 감정적 고통으로부터 벗어나기 위해 술이나 약물, 섹스 등의 중독에 빠지기도 합니다. 결국, 변연계가 안정을 유지해야 이성적인 행동이 가능한 셈인데요. 그러기 위해서는 세로토닌이라는 뇌 신경 전달 물질이 충분해야 합니다.[18]

세로토닌이 부족하면 우울증이나 공황장애가 생겨요. 즉, 이런 증상들은 개인의 의지나 성격에 따른 문제가 아닌 것이죠. 감정의 기복이 심하고 때때로 우울감과 좌절감이 밀려오면, '나의 변연계가 지나치게 활성화됐구나' 하고 알아차려야 합니다. 우리의 몸과 마음에 일어나는 생리 현상을 객관적으로 바라보게 될 때, 우리는 부정적인 감정에 매몰되지 않을 수 있으니까요.

"나는 내 안에 밝은 면이 있다는 것을 알아."

"괜찮아, 이 감정은 진짜가 아니야."

이렇게 큰 소리로 말하는 것도 도움이 됩니다. 또한 감정에 치우치지 않고 상황과 사물을 있는 그대로 바라보며 객관적으로 말할 줄 아는 사람들을 만나는 것도 좋습니다. 건강한 대화를 하며 긍정적인 생각을 강화시키는 것은 매우 좋은 방법이니까요.

전전두엽 Prefrontal Cortex

전전두엽은 뇌의 CEO라고 불려요. 목표를 설정하고, 이를 달성하기 위해 다른 뇌의 기능을 조율하고 관리하는, '뇌의 관제탑'이라 할 수 있죠. 뇌에서 가장 진화된 부위로, 계획하고 판단하고 결정을 내리며 실천하는 능력을 관장합니다. 또 행복이나 기쁨, 슬픔 등의 감정을 표현하고 다른 사람과 공감하고 대화하는 능력에 영향을 주죠.

이 부분이 손상되거나 활동이 저하되면, 생각이나 감정을 표현하는 능력, 양심이라는 내부 감시 기능이 떨어지게 됩니다. 또 주의가 산만해지고 집중을 잘 못 하게 되며 업무수행 능력도 감소하죠. 대표적인 관련 질환으로, 주의력결핍 과잉 행동장애Attention Deficit Hyperactivity Disorder, ADHD가 있습니다. ADHD 는 주로 아동기에 나타나는데, 산만하고 충동적이며 행동의 통제가 되지 않아 전문적인 치료를 요합니다.[19]

아이의 정확한 상태를 모르는 상태에서 부모들은 스스로를 탓하거나 아이를 비난하기 쉬운데요. 이것이 뇌의 생리적인 문제로 인한 것임을 알게 되면 '말 안 듣는 아이' '잘못하는 아이'라고 생각하는 대신, 아이들에게 필요한 도움을 줄 수 있어요. 예를 들어, 아이가 화를 내거나 소리를 지를 때 더욱 침착하게 반응한다든지, 아이의 목소리가 커지면 오히려 더 작은 소리로 말하거나 화장실을 가는 행동 등으로 흐름을 끊어준다든지 하는 것입니다.

산만한 사람에게는 야단을 치거나 심리적인 부담을 주기보다는 칭찬해주고 격려해주는 것이 효과적이에요. 이들은 긴 시간 동안 집중하는 것을 잘하지 못하기 때문에 흥미를 느낄 수 있는 편안한 분위기에서 성과를 내도록 배려해주는 것이 필요합니다.

이외에도 전전두엽에 문제가 있는 사람은 목표 설정이 힘들 뿐 아니라 이를 위한 판단력, 의사 결정 능력이 떨어져요. 또 주변 환경의 변화에 쉽게 적응하지 못하고, 새로운 해결책을 찾는 데 미흡하죠. 그래서 상황이 달라졌는데도 같은 행동을 하거나, 행동하기 전에 충분히 생각하지 않고 일을 저질러버립니다.

주위에 이런 사람이 있다면, 다음과 같은 질문을 던지며 대화하는 것이 좋아요.

"원래 이 일의 목표가 무엇이었죠?"

"그래서 그다음에는 무엇을 해야 하죠?"

"지금 놓치고 있는 것은 무엇일까요?"

"지난번 실수를 통해 배운 것은 무엇인가요?"

"같은 실수를 반복하지 않기 위해 지금 어떤 계획이 필요할까요?"

이들에게는 목표를 향해 가는 데 필요한 구체적인 행동과 선택에 대해 수시로 질문해주세요. 이는 실제로 큰 도움이 됩니다. 쉽게 지루함을 느끼고 집중하지 못하는 이들에게 이런 질문들로 일의 목표와 해야 할 일들을 생각하게 할 필요가 있는 것이죠.

전방대상회 Anterior Cingulate Gyrus

전방대상회는 우리의 사고와 행동이 주변 환경에 따라 유연하게 반응하게 하는 역할을 합니다. 이 생각에서 저 생각으로 주의를 전환하고 여러 가지 대안들을 생각하는 능력을 담당하죠. 그러나 세로토닌이 낮아지거나 전방대상회가 지나치게 활성화되면, 생각을 바꾸지 못하고 과거의 상처에 집착하거나 강박적인 사고와 행동을 하게 됩니다.

자신의 생각을 컨트롤하려 하면 할수록 증상은 더욱 심해지는데요. 가령 외출하기 전 계속해서 문단속을 하거나, 가스 밸브를 수도 없이 확인하거나, 더럽다는 생각에 반복적으로 씻는 행동을 하곤 합니다. 또, 지나치게 외모에 집착하기도 하죠. 음식이나 쇼핑 등 무엇인가 한 가지에 빠지면 헤어나오기 힘든 경우도 있습니다.

강박적 성향을 가진 사람은 뇌의 앞부분이 너무 활발해 생각을 멈출 수 없어요. 잠을 자야 할 시간에도 이들의 뇌는 여전히 뜨겁죠. 심지어 자동적으로 "싫어"라고 말하는 '반항장애Oppositional Defiant Disorder'가 나타나기도 합니다.

심한 스트레스를 받으면, 전방대상회의 활동이 증가되어 강박에서 벗어나기 힘들어요. 권위적이고 압박적인 환경에서는 증상이 더욱 심해지고요. 그러니 사람에 따라(그의 뇌 타입에 따라) 대하는 방법과 대화법을 달리하는 것이 좋습니다. 모든 사람에게 적용되는 가장 완벽한 대화법은 없으니까요.

원치 않는 생각에 대해서는 "그만!"이라고 말할 수 있어야 합니다. 무엇보다 부정적인 생각과 행동에 빠져 융통성이 사라지는 순간을 알아차려야 해요. 이때 이들에게 필요한 것은 '나는 강박적이라 어쩔 수가 없어' '나, 정상이 아니야'라는 탄식이 아니라, '내 뇌에 지금 윤활유가 필요해'라는 인식Awareness입니다. 그리고 스스로 어떤 선택을 할 수 있는지 살펴야 하는 것이죠.

그 선택은 전문의로부터 약물 처방을 받는 것(세로토닌은 과열된 전방대상회를 안정화시키는 데 도움이 됩니다)에서부터 인지 행동 치료를 받거나, 부정적인 생각의 챗바퀴에서 벗어나기 위해 운동을 한다거나, 갇혔을 때 벗어나는 안전장치를 마련하는 등 개인의 상태에 따라 다양합니다. 실제 UCLA의 연구진에 따르면[20], 약물 치료 없이 행동 치료만으로도 증상이 호전된다는 사실이 밝혀졌습니다. 이는 행동을 바꿈으로써 뇌가 변화되는 놀라운 결과로, '우리의 노력으로 건강한 뇌를 가질 수 있다'는 사실을 입증하는 과학적인 증거인 셈이죠.

부정적인 생각이 강박적으로 들 때는 갇혀 있는 자신에 대해 인식하고, 유연한 사고와 자유로움이 주는 좋은 점에 대해 생각해야 해요. 이때는 "반드시 …해야만 해"라는 틀에

박힌 사고에서 벗어나게 하는 질문이 무엇보다 강력한 힘을
발휘합니다.

"만일 그렇지 않으면, 무슨 일이 생기죠?"
"그래서 생길 수 있는 최악의 일은 무엇일까요?"
"이것을 멈추고 할 수 있는 다른 재미있는 것에는 무엇이
있을까요?"

이런 질문들은 본인에게나 다른 사람에게나 유연한 생각
을 하게 하고, 새로운 아이디어나 선택 들이 얼마든지 있음
을 깨닫게 해줍니다.

측두엽 Temporal Lobes

측두엽은 인간의 기억을 처리하고 저장하는 곳입니다. 기
억과 학습, 언어를 이해하고 처리하는 능력, 억양을 해석하고
표정을 인식하는 능력 등을 담당하죠. 기분 조절과 정서적 안
정에 관여해, 이곳에 문제가 생기면 특별한 이유 없이 두려
움에 사로잡히고 다른 사람이나 자신을 공격하기도 해요. 늘
불안하고 어둡고 폭력적인 생각을 하며, 분노조절장애를 나
타내기도 하고요. 실제로, 살인 등 폭력 전과가 있는 사람의

경우 왼쪽 측두엽에 이상이 있을 가능성이 크다고 합니다.

우리의 기억은 측두엽에 저장되는데요. 새로운 정보를 받아들일 때는 과거의 경험에 근거해 현재의 정보를 해석하고 통합합니다. 그러므로 기억에 남기고 싶은 좋은 경험을 많이 쌓는 것은 매우 중요한 일이에요. 과거 성공의 기억, 승리의 기억이 현재의 어려움을 이기는 데 큰 힘이 되기 때문이죠. 즐겁고 긍정적인 자극을 받으며 경이로운 경험을 많이 하는 사람의 뇌는 건강하고 면역력도 높다고 합니다.

측두엽을 자극해 마음을 평화롭게 하거나 반대로 흥분시킬 수도 있어요. 증오와 절망으로 가득한 가사로 된 음악은 청소년에게 악영향을 주죠. 반대로, 뇌파를 안정시키고 긴장을 이완시키며 스트레스를 낮춰주는 좋은 음악도 있어요. 실제로, 모차르트의 음악은 병원에서 치료 목적으로 많이 쓰이고 있으며, 좋은 음악은 수학이나 체스를 두는 것처럼 뇌를 활성화시킨다는 연구도 있습니다. 이 밖에 노래를 흥얼거리는 것도 측두엽에 좋은 자극을 준다고 해요.[21]

저는 학생들에게 스피치를 가르칠 때, "아에이오우"라고 소리 내기, 큰소리로 기사 읽기 등을 꼭 시키는데요. 이는 발표 울렁증이 있는 학생들에게 매우 효과적입니다. 큰소리로 발성을 하다 보면 점차 긴장이 풀리고 호흡이 안정됩니다.

경직된 얼굴 근육이 풀리고, 자신감도 생기죠.

온전히 자기 목소리에 집중하다 보면, 어느새 두려움과 염려를 잊고 자신이 해야 할 일에 집중할 수 있게 됩니다. 가수나 연극배우 들도 무대에 오르기 전에 허밍이나 노래 부르기를 하곤 하는데, 이는 발성 연습에 좋을 뿐만 아니라 뇌를 자극하고 두려움과 긴장을 덜어내는 데도 훌륭한 방법인 것입니다.

기저핵Basal Ganglia

기저핵은 뇌의 깊은 곳에서 감정과 운동을 통합하며, 불안과 두려움에도 관여합니다. 과도한 긴장 상태에서 몸이 굳고 말문이 막히는 것도 기저핵의 작용이에요. 불안한 심리는 미세한 근육 떨림 등 신체적인 증상으로 나타나기도 하는데, 심한 경우 신경과민이나 공황발작을 일으킬 수 있습니다. 한편, 기저핵은 손글씨 같은 작은 동작을 관장하는 영역이기도 하죠.

활성화된 기저핵은 긍정적으로 작용하기도 하고, 그 반대로 작용하기도 합니다. 기업 CEO나 전문가처럼 성취동기가 높은 사람들은 뇌의 이 부분이 활성화되어 있다고 해요. 이런 타입의 뇌를 가진 사람은 늘 긴장하고 초조해하지만, 그만큼 많은 일을 이뤄냅니다. 긴장과 두려움이 목표를 이루려는 강한 동기가 되어 성공을 위해 스스로를 채찍질하게 하는 것이죠. 그러나 여전히 불안감은 남아 있어 이들에게 느긋하게 쉬는 일이란 쉽지 않습니다.

사실 불안감이라는 감정이 나쁜 것만은 아니에요. 적절한 불안감은 무모하고 위험한 행동으로부터 우리를 지켜주죠. 이런 감정이 없으면 맨손으로 불을 끄려 하고, 높은 건물에서 막무가내로 뛰어내리려고 할지도 몰라요. 그러나 지나친 불안감은 무엇을 생각하든 최악의 상황을 떠올리게 만듭니다.

전문의들은 이럴 때 마음속의 부정적인 에너지를 운동이나 명상, 호흡 등으로 날려버릴 수 있다고 말합니다. 떨리고 긴장되는 순간, 호흡이 얕아지고 빨라지는 경험은 누구에게나 있을 거예요. 그러다 보면 뇌에 산소 공급이 부족해져 더욱 두려워지는 악순환이 일어나고 말죠. 뇌세포는 산소에 매우 민감해, 약간만 공급이 줄어도 사람의 감정과 행동에 곧바로 영향을 줍니다. 이럴 때 깊고 긴 호흡을 하면, 심리적으로도 안정될 뿐더러, 뇌에 산소가 공급돼 몸이 정상 상태로 조절될 수 있지요.

호흡은 극심한 스트레스 상황이나 면접을 앞둔 초조한 상태, 중요한 발표 직전에 누구나 쉽게 할 수 있어요. 제가 자주 하는 호흡법을 잠깐 소개해드릴게요.

먼저, 하나부터 다섯까지 세는 속도로 천천히 숨을 코로 들이마십니다. 이때 배에 공기가 들어간다는 느낌으로 배가 나와야 합니다. 그 상태로 잠깐 동안 숨을 멈췄다가 다시 하나부터 다섯까지 세는 속도로 천천히 숨을 입으로 내뱉습니다. 이때는 배에서 숨이 빠지는 느낌으로, 배가 홀쭉하게 들어가야 합니다.

이런 식으로 호흡을 하다 보면, 두려움은 잊고 그저 숨 쉬는 행위 자체에 몰입하게 되는데요. 실제로, 의사들도 공황장애 환자들에게 이 방법을 권하곤 합니다.

이는 '아느냐, 모르느냐'의 문제가 아니라 '하느냐, 안 하느냐'의 문제입니다. 무대 공포증 때문에 혹은 밀려드는 두려움 때문에 아무것도 할 수 없는 순간, '부정적인 감정과 증상에 사로잡힐 것이냐' 아니면 '호흡에 집중할 것이냐' 하는 선택의 문제인 것이죠.

이외에도 스트레스로 손발이 차가워지며 몸이 굳을 때는 뜨거운 커피잔을 두 손에 쥐고 있거나 벽난로에 앉아 있는 모습을 상상하는 것만으로도 긴장이 완화된다고 합니다. 이런 상상은 실제 손을 따뜻하게 해주고 혈압을 떨어뜨린다고 하니, 뇌는 참 알면 알수록 신비한 것 같아요.[22]

불쑥불쑥 드는 부정적인 생각과 불안을 아예 없앨 수는 없지만, 스스로를 망치는 생각을 멈출 수는 있다는 점, 이제 아셨죠? 우리의 긍정적인 생각과 말은 우리의 뇌를 진정시키고 더 나은 방향으로 작동하게 한다는 것을 꼭 기억해주세요.

부정적인 생각을
다스리려면

부정적인 생각은 속이는 자, 교묘하게 꾀어내는 자와 같습니다. 사실이 아닌데 사실처럼 느끼게 되고, 설득당하게 되니 말이죠.

부정적인 이야기에 마음을 빼앗기지 않도록 무시하는 게 제일 좋지만, 문제는 이것이 쉽지 않다는 거예요. 그러니, 거짓 감정과 생각에 속지 않기 위해서는 우선 그들의 정체를 분명히 알아차려야 합니다. 그리고 부정적인 생각을 나와 분리시키고 다스리는 나만의 방법을 계발해야 하죠.

앞서 소개한 에이먼 박사는 원하지 않지만 멈출 수 없는 '자동적으로 떠오르는 부정적인 생각들Automatic Negative Thoughts,

ANT'을 없애는 법에 대해, ANT가 '개미'란 뜻을 갖고 있다는 데 착안해 '개미 죽이는 법'이라 지칭했습니다. 그렇습니다. 부정적인 생각도 없앨 수 있는 것입니다.

다른 많은 심리학자들도 부정적인 생각을 다스리는 비법들을 소개했는데요. 공통적인 것은 왜곡되지 않은 생각으로 세상(사건)을 있는 그대로 바라보는 훈련을 하는 것이었습니다. 자동적으로 떠오르는 부정적인 생각들은 각자의 경험을 바탕으로 생기는 것이지, 합리적인 유추에 의해 나타나는 것이 아니니까요.

한두 가지의 부정적인 생각이 든다고 해서 지나치게 놀랄 필요는 없습니다. 생각은 왔다가 가기도 하는 것이니까요. 하지만 이를 방치하면, 문제가 될 수 있어요. 한두 마리의 개미가 수백, 수천 마리의 군단이 되어 나를 점령하도록 내버려 둬선 안 됩니다. 시도 때도 없이 불쑥 찾아와 우리를 걱정하고 낙담하게 만드는 부정적인 생각을 그 상태 그대로 방치하거나 심지어 익숙한 삶의 일부분으로 받아들여서는 절대 안 되는 것입니다.

대개 부정적인 생각은 사실이 아니에요. 그러나 슬금슬금 그럴듯하게 말을 걸기 시작해 우리가 관심을 주는 순간, 제어하기 힘들 정도로 우리의 마음을 장악해버리고 말죠. 이들의 정체가 우리를 속이는 '왜곡된 생각Distortion'이라는 것을 알아차리는 순간, 이들은 힘을 잃어버립니다.

이 '알아차리기'를 할 수 있으려면, 우선 왜곡된 생각의 종류와 그 파괴적인 특징을 정확히 알아야 합니다.

우리를
속이는 말들

지금부터 우리를 속이는 말들의 유형을 살펴볼 거예요. 이런 말들이 들리면 즉시 경계경보를 내려, 내 말과 생각을 점검해보아야 합니다.

과잉일반화 Overgeneralization

어쩌다 한 번 생긴 일을 가지고 일반화하거나 하나의 부정적인 결과를 가지고 계속되는 패턴으로 삼으려는 경향을 말합니다. 왜곡된 생각은 필연적으로 왜곡된 말의 표현을 동반하게 마련이죠.

"세차를 할 때마다 비가 와."
"언제나 이런 식이야."

중립적인 사건을 왜곡해서 해석하면, 생산적인 대화가 불가능할뿐더러 관계를 맺는 것도 어려워지죠. 감정이 상하고 문제 해결을 위한 방법을 찾기도 힘들어집니다.

그러니 '언제나' '매번' '모두가' '아무도' '한 번도' 등의 표현이 들린다면, 알아차리세요. 이런 과장된 말습관이 더 나쁜 결과를 불러온다는 사실을.

"당신은 언제나 나를 무시해."

"아무도 나를 사랑하지 않아."

"한 번도 선배 대접을 받아본 적이 없어."

"회사에서 모두가 나를 무시해. 승진하기는 글렀어."

"그녀가 날 거절했어. 난 죽을 때까지 결혼도 못 하고 혼자서 외롭게 살 거야."

지금 내가 이런 말을 자주 쓰고 있다면, 사건을 해석하는 내 머릿속 필터를 점검할 때입니다. 그리고 내가 정말로 그렇게 생각하는지 스스로에게 묻고, 이런 과장된 표현을 사용하는 이유를 생각해봐야 해요.

나 자신을 향해 다음과 같이 질문을 던져보세요.

"정말로 그렇게 생각하나?"

"지금 심정을 다른 말로 표현해보면 어떨까?"

"내 머릿속에는 지금 어떤 필터가 작동하고 있을까?"

내 눈엔 부정만 보여 Focusing on the Negative

중립적이거나 심지어 좋을 수도 있는 일을 두고도 최악의 것을 예측하는 사람, 자신의 업적에 대해서는 대단히 인색하게 평가하면서 남의 업적은 크게 보는 사람이 있습니다. 이런 사람들의 변명은 위험을 미리 방지하거나 만일의 경우에 대비하기 위해서라는 것인데요. 그러나 좋고 긍정적인 면을 보지 못하는 것은 심각한 인지의 왜곡이라고 보아야 합니다. 또한 부정적인 생각은 전염성도 강해서 다른 사람에게까지 악영향을 주곤 하죠.

부정적인 것에 집중하면, 진취적으로 행동할 수도 없고, 매사 비관적일 수밖에 없어요. 감사할 줄도 몰라요. 이 경우, 자주 하는 말은 '만일'입니다.

"만일, 이런 불경기에 직장을 잃게 되면, 어떡하지?"

"만일, 빚을 제때 못 갚으면, 어쩌지?"

"만일, 이번 발표를 망치면, 승진도 물 건너가겠지?"

"만일, 그 사람이 그렇게 행동하는 게 나에 대한 사랑이 식어서라면?"

이렇게 되면 칭찬을 받더라도 "그냥 좋게 말해주는 걸 거야", 좋은 평가를 받아도 "이번엔 운이 좋았을 뿐이야" 하는 식으로 스스로의 장점을 하나도 인정하지 않고 늘 부정적인 면만 바라보게 되지요. 이럴 때는 스스로에게 다음과 같이 묻고, 상황을 보다 객관적이고 공정하게 바라보려고 노력해야 합니다.

"내가 이렇게 생각하는 근거는 무엇일까?"
"다르게 생각할 부분은 없을까?"
"반대로 가장 잘 되면 어떻게 될까?"

흑백논리 All-or-Nothing

이런 생각에는 중간이 없습니다. 좋거나 나쁘거나. 무조건 둘 중 하나에요. 항상 일등을 하던 학생이 일등을 놓쳤다고 해서 "나는 루저야"라고 말하거나, 앞날이 창창한 청춘이 취업에 실패했다고 해서 "이번 생은 망했어"라고 생각하는 식입니다.

완벽주의 성향을 가진 사람들일수록 자신의 실수를 용납하지 못하고 스스로를 무가치하다고 생각하는 경향이 강한 편인데요. 보통 사람들은 이를 이해하기 힘들지만, 그들에게는 이것이 일종의 굳건한 믿음과도 같습니다. 그러나 이들이 추구하는 것은 실상 비현실적인 것이어서 시간이 지날수록 스트레스가 커질 수밖에 없죠.

"이번 발표는 완전히 망했어!"

한번 생각해보세요. 프레젠테이션에는 수많은 요소가 있고, 발표를 완벽히 망치는 일은 생각보다 그리 쉽지 않아요. 앞서 '말의 수레바퀴'를 공부하면서, 이 점을 충분히 느끼셨을 거라 생각합니다. 그렇다면 자신이 잘 한 부분과 부족한 부분을 객관적으로 파악하고, 다음에 더 나은 발표를 할 수 있도록 노력하는 것이 순서 아닐까요?

자신이 흑백논리로 말하고 있다면, '상황이 정말 최악이거나 스스로가 부정적인 사람이거나 둘 다이거나'라고 생각지 말고, '내가 완벽주의자는 아닐까?'라고 자문해보세요. 이미 '알아차리기'가 얼마나 중요한지 말씀드렸죠? 자신이 완벽주의자라는 사실을 인식하는 것만으로도 부정적인 생각을 어느 정도 누그러뜨릴 수 있습니다.

잊지 마세요. 이 세상에 완전히 좋거나 완전히 나쁜 일이란 결코 있을 수 없습니다. 다만 그렇게 '생각'하는 자신이 있을 뿐이죠.

점쟁이처럼 말하기 Fortune-Telling

논리적인 근거 없이 부정적인 결론에 도달하는 경향을 말합니다. 이를테면, 새로운 사업을 위해 시장 조사를 시작하자마자 어려움이 생기자, 이것이 내가 앞으로 성공하지 못할 징조라고 믿고 말하는 식이죠.

"내가 이럴 줄 알았어."

"좋은 징조가 아니야."

"이번에 구조조정을 한다면, 우리 기수에서는 아마 분명히 내가 잘릴 거야."

마치 미래를 다 안다는 듯이 말하며, 자신을 더욱 불안의 소용돌이로 몰아넣습니다. 기왕이면 자신에게 좋은 예언을 해야 하는데, 나쁜 일이 생길 것 같다는 불길한 생각을 하는 것부터가 문제라고 할 수 있죠.

"이번 발표를 영어로 해야 하는데, 나는 정말 기절해 죽을지도 몰라."

"모두에게 웃음거리가 되고 말걸!"

발표를 하다가 기절하거나 죽은 사람의 이야기를 들어보신 적 있나요? 아주 과장된 표현이란 걸 누구나 알지만, 이렇게 믿고 말하는 것은 매우 파괴적인 힘을 지닙니다. 이런 말은 절망감을 주고 뭐든 해보기도 전에 좌절하게 만들죠. 심지어 우리의 감정과 신체에도 치명적이에요. 불안감과 긴장감을 높여 미세 근육, 혈류, 호흡 등에 나쁜 영향을 주는 것입니다.

골프선수 중에는 도저히 들어갈 것 같지 않는 긴 퍼팅을 성공시키고 나서 "공이 홀 컵을 향해 빨려 들어가는 길이 보였다"라고 인터뷰하는 이들이 많습니다. 긍정적인 생각과 말이 필요한 이유입니다.

난 다 알아 Mindreading

직접 대화해보지도 않은 채, 상대가 어떤 마음인지 다 안다고 멋대로 추측하는 것입니다. 이는 대개 착각이거나 나의 주관적 해석에 불과한데 말이죠. 이런 '넘겨짚기'는 오해와 불신을 키우고, 관계를 망칠 뿐입니다.

깊은 대화를 해보기 전까지, 확실한 것은 하나도 없어요. 마음이란 수시로 변하거니와, 나조차 내 속마음을 모를 때가 얼마나 많은가요!

그럼에도 우리는 친구에게 문자메시지를 보낸 후 그가 바빠서 내 메시지에 답을 못 한 걸 두고 '거절당했다'고 느끼거나, 피곤해서 말을 안 하는 연인을 두고 '무슨 일이 생긴 게 분명해' '벌써 지겨워졌다 이거지' 하는 생각을 하기도 합니다. 명백한 생각의 오류입니다.

"이메일에 답장을 하지 않은 걸 보니, 날 무시하는 게 틀림없어."

"지금 부장님은 나한테 화가 난 게 분명해."

다른 사람의 말이나 행동을 내 뜻대로 판단하는 것은 내 정신 건강에 좋지 않을뿐더러 관계를 해칩니다. 이런 경우, 필요한 질문은 다음과 같습니다.

"다른 사람의 속마음을 어떻게 아나?"

"어떻게 그렇게 확신하나?"

"그렇게 생각하는 근거는 무엇인가?"

"어떤 부분이 추측이고, 어디까지가 사실인가?"

이런 식으로 팩트체크를 한 후, 다시 한 번 질문을 던져 그렇게 단정적으로 생각하고 결론에 도달하게 된 숨겨진 이유를 찾는 것도 좋습니다.

"그렇게 말하면, 어떤 기분이 드나?"

"그럼에도 불구하고 계속 그렇게 말하는 이유는 무엇인가?"

당위적 사고 Should

"반드시 …해야만 해"라고 습관적으로 말하는 사람은 의무 감에 사로잡혀 생각이 자유롭지 못합니다. 마치 엄한 부모가 자녀를 사사건건 간섭하는 것처럼 사람들에게 많은 규칙을 강요하죠. 이런 사람은 자기 자신이나 상대가 기대에 미치지 못할 경우 실망하고 좌절감을 느끼며, 심할 때는 죄책감, 자기혐오, 우울증에 빠지기도 합니다.

"부부 사이에는 절대 비밀이 있어서는 안 돼."

"시댁에 일주일에 한두 번은 꼭 전화를 해야 해."

"오늘 저녁에 전체 회식 있는 거 알지? 반드시 전원 참석하도록."

의무감은 건강한 감정이 아닙니다. 반드시 해야 하는 일은 미루고, 절대 해선 안 되는 일은 하고 싶은 것이 사람 심리거든요. 당연시하는 것, 꼭 해야 한다고 생각하는 것들에 대해 그것이 정당한지 하나씩 점검해볼 필요가 있는 것입니다.

"좋은 리더는 모든 해법을 가지고 있어야만 한다는 생각을 하게 된 배경은 무엇인가?"
"누가 그렇게 말했나?"

반대로, 그렇게 안 하면 어떻게 되는지 자유롭게 생각해보는 것도 좋습니다.

"그렇게 하지 않으면 어떤 일이 생길까?",
"그래서 생길 수 있는 최악의 상황은 무엇인가?"
"그런 가정들에 대해 다르게 생각할 수는 없을까?"

다른 사람의 입장을 존중하며 좀 더 부드럽게 말해보는 연습도 필요해요.

"부부 사이에는 비밀이 없는 게 도움이 될 것 같아."
"오늘 회식 때 깜짝 발표가 있을 예정이니, 가급적이면 참석하길 바랍니다."

무조건 지시하는 게 아니라 상대의 마음을 움직이려고 해보세요. 이것이 말하는 사람이나 듣는 사람 모두에게 건강한 화법입니다.

낙인찍기 Labeling

사람을 쉽게 판단하고 낙인찍는 것은 우리가 쉽게 범하는 무서운 생각의 오류입니다. 이는 하나의 약점 위에 완전히 부정적인 이미지를 입히는 과잉일반화의 극단적인 형태죠.

낙인찍기는 자신에게나 남에게나 매우 파괴적인 결과를 가져옵니다. 부정적인 낙인찍기를 하는 순간, 한 사람의 가치와 잠재력은 묻혀버리기 때문이죠.

"난 흙수저야."
"그 아인 문제 학생이야."

"우리 부장은 꼰대야. 말해봤자 소용없어."

자기 자신에게든 또 다른 사람에게든, 부정적인 낙인찍기는 어려운 상황을 더 어렵게 만들며, 합리적인 문제 해결법을 찾기 어렵게 합니다.

"이번 생은 망했어."
"개천에서 용 나던 시대는 지났지."

이들은 일곱 번 쓰러지고 여덟 번 일어나는 '인생 역전'의 드라마를 기대할 수 없을 겁니다. 이런 말을 들었을 때는 어떻게 해야 할까요?

"저도 그런 이야기를 들어보긴 했어요. 그런데 자신을 흙수저로 부를 때 어떤 기분이 드나요?"
"그걸 어떻게 확신하죠?"

다른 사람의 성장을 저해하는 비이성적인 생각과 말은 개인은 물론 사회에도 커다란 손실입니다. 힘든 사회일수록 폭력적이고 자조적인 신조어가 많이 나오는데요. 최근 우리 사회에서 '○○충' 같은 혐오 표현이 나오는 것이 너무나 걱정스러운 이유입니다. 이런 말은 재미도 없고 의미도 없는데 말이죠.

이런 말을 버릇처럼 사용하기엔 그 결과가 너무나 유해합니다. 나와 다른 집단에 대한 낙인찍기나 혐오적인 표현은 미움을 생산하고 폭력 등 심각한 사회 문제로 이어질 수 있어요. 인류 역사에 벌어졌던 차별이나 학살 등 불행했던 사건들은 처음에 모두 비이성적으로 사람을 구별하고 그들을 폭력적인 언어로 부르는 데서 시작되었음을 상기할 필요가 있습니다.

다시 배우는 ABC

영어를 배울 때 ABC로 시작하듯이, 긍정적인 말을 배울 때도 ABC로 시작해보세요.

정신의학자 앨버트 엘리스 Albert Ellis는 A를 '실제 일어난 사건 Actual Event' B를 '믿음 Belief' C를 '결과 Consequence'라고 하는, 이른바 'ABC 이론'을 주창했습니다. 이는 어떤 사건이 일어나면, 이를 해석하는 사람의 믿음에 따라 제각각 다른 결과가 나타난다는 것을 의미합니다. 무슨 사건이 생기면, 있는 그대로가 아니라 자신이 믿는 대로 해석한다는 것입니다. 중립적인 사건이 부정적인 필터를 거치면 화나고 우울해지는 반면, 긍정적인 필터를 거치면 좋은 감정을 갖게 된다는 것이죠.

그러니, 무슨 일이 생길 때 시시비비를 가리고 심한 말, 후회할 말을 쏟아내기 전에 극단으로 치닫는 부정적인 생각을 점검해보세요. 내 믿음에 문제는 없는지, 다르게 생각할 여지는 없는지 돌아보는 훈련을 해야 합니다.

어둠을 몰아내는
선포의 말들

부정적이고 왜곡된 생각을 알아차렸다면, 다음에 할 일은 그 생각들을 자신과 분리시키고 다스리는 것입니다. 이때 불쑥불쑥 찾아드는 부정적인 생각들에 맞서서 긍정적인 결과를 큰 소리로 선포하는 것은 매우 좋은 대처 방법입니다.

여기서 '선포'라는 표현을 쓴 이유는 긍정적인 결과를 머릿속으로 생각만 하는 데 그치는 것이 아니라, 입 밖으로 소리 내어 세상에 알리는 것이기 때문입니다. 선포에는 자신이 말한 바를 이루는 힘이 있어요. 크고 담대한 목소리로 선포하면, 이전보다 자신감도 높아지고 내가 말한 것에 대해 확신에 차게 됩니다.

'부정적인 생각'에서
'선포의 말'로

부정적인 생각은 불안감을 일으키는 변연계를 자극하여 나쁜 화학 물질을 내보냅니다. 신체적으로도 곧바로 스트레스 반응을 일으켜, 손이 차가워지거나 혈압이 올라가게 하죠. 이런 증상이 심해지면, 심장박동수는 빨라지고, 숨은 거칠어지며, 근육은 긴장하고, 손에는 땀이 차게 됩니다.

즐겁고 희망적인 생각을 하게 되면, 뇌에서 기분을 좋게 만들어주는 화학 물질이 나와 몸의 모든 세포에 영향을 줍니다. 또 긍정의 말을 선포할 때면 이를 듣는 뇌는 즉각적인 반응을 일으키는데, 말의 진위 여부와 상관없이 몸이 생각에 반응한다고 해요.[23] 그러므로 '선포하기'는, 두려운데 달리 방도가 없어 위안이라도 받으려는 소극적인 행위가 아니라, 부정적이고 파괴적인 생각을 물리치는 매우 과학적인 방법인 것입니다.

또 그럴듯해 보이는 부정적인 생각에 긍정의 말로 맞서면, 그렇게 생각하는 것이 합리적이지 않았다는 것을 깨달으며 나쁜 생각들이 힘을 잃게 돼요. 불필요하게 감정 소모를 하는 대신, 상황에 따라 실현할 수 있는 것들에 집중하고 성취에 도움이 되는 행동을 할 수 있습니다.

제 인생의 가장 떨리던 순간은 방송사 최종 면접 때였어
요. 그날의 장면은 긴 세월이 지난 지금까지도 생생합니다.

몇 달 동안 치열한 경쟁률을 뚫고 최종 면접까지 올랐는데
막상 다른 지원자들과 대면하고 나니 너무 떨려서 도망치고
싶어졌습니다. 더욱이 얼마 전 있었던 타 방송사 최종 면접
에서 떨어졌던 충격과 상처가 크게 남아 있었기 때문이었죠.

그렇습니다. 저의 불안은 근거가 명확한 것이었어요. 그래
서 더 초조했던 것이었습니다.

'이번에도 안 될 거야.'
'여기까지 온 것도 기적이야.'
'내가 다섯 명 안에 들 리가 없잖아!'
'나보다 좋은 스펙을 가진 사람이 너무 많은걸….'
'난 너무 초라해.'
'떨어지는 것보다 내가 관두는 편이 나을 거야.'

부정적인 생각은 어쩌면 그렇게 우리를 속속들이 아는 걸
까요. 제 가장 약한 곳을 공격하면서 도망치고 싶게 만들었습
니다. 하지만 부정적인 생각이 꿈을 망치게 해선 안 됩니다.

부정적인 소리에 마음을 주고 대꾸하는 것은 매우 어리석은 일입니다. 어둠과 맞서 싸우는 것이 매우 힘 빠지고 답 없는 일인 것처럼요.

어둠을 몰아내기 위해선 빛이 필요해요. 그리고 빛은 우리가 긍정의 말을 큰소리로 선포할 때 비로소 우리의 것이 됩니다.

다음은 앞서 살펴본 여러 부정적인 생각들을 어떤 선포의 말로 몰아낼 수 있을지 정리한 것입니다.

종류	부정적인 생각	선포의 말
과잉 일반화	세차를 하고 나면 늘 새똥을 맞아.	과장하지 마! 이번이 두 번째일 뿐이야.
내 눈엔 부정만 보여	빚을 제때 못 갚으면 어쩌지?	꾸준히 저금하고 있잖아! 좋은 면을 바라보자.
흑백논리	이번 발표는 완전히 망했어.	잘한 부분도 있었는걸! 질문도 많이 받았잖아.
점쟁이처럼 말하기	이번에도 승진 못 할 게 뻔해.	그걸 어떻게 알아! 좋게 생각하고 기다리자.
난 다 알아	교수님이 나한테 화나신 게 분명해.	누가 그래? 교수님도 사람인데 무언가 기분 나쁜 일이 있나 보지.
당위적 사고	반드시 만장일치로 통과시켜야만 해.	안 그러면 무슨 일이 생기는데?
낙인찍기	나는 실패자야. 이번 생은 망했어.	지금이 다음 생이라면, 무엇부터 할까?

나를 격려하는
말이 필요해

　　　　평소 선포하기를 해보지 않았던 사람이라면, 갑작스러운 위기 상황에 긍정적으로 말하는 것이 결코 쉽지는 않을 거예요. 그렇기 때문에, 평소 자신에게 힘을 주고 격려하는 말을 익혀두어야 해요. 새로운 외국어 단어를 암기할 때 단어장을 이용하는 것처럼, 용기를 주고 격려하는 표현들을 적어두고 자주 사용하는 것도 한 방법이죠. 자신에게 용기를 주고 자신을 응원하는 긍정의 말들은 위기의 순간에 빛을 발할 것입니다.

　긴장감 가득했던 아나운서 시험을 치른 지 한참이 지났지만, 세월이 흐르고 경험이 쌓였다고 해서 두렵지 않은 것은 아닙니다. 다만 좀 더 잘 대처하는 법을 배워갈 뿐이죠. 큰 무대나 강연을 앞두고 있을 때, 저는 여전히 두렵고 떨려요. 그럴 때마다 큰 소리로 선포합니다.

　"나는 실전에 더 강하다!"
　"최고가 아니어도 괜찮아. 최선을 다했잖아."
　"본질에 집중하자. 잘하는 것이 중요한 게 아니라, 나의 스피치가 사람들에게 도움이 되는 것. 그것이 본질이다."

절체절명의 순간에 긍정의 말을 선포하고 여기에 성공적으로 상황을 마무리하는 모습까지 상상해본다면, 부정적인 생각과 불안한 감정들은 사라질 거예요. 이 세상에 두렵지 않은 사람은 없어요. 다만 부정적인 감정에 빠져 침몰하지 않고 그것을 다스릴 수 있는 자기만의 방법을 가진 사람들이 있을 뿐입니다.

이렇게 작은 승리의 기억들이 모여 좋은 경험이 되고, 그 경험으로 더 큰 두려움을 물리치며 우리는 그렇게 성장하는 것입니다. 어려운 때일수록 흔들릴지언정 멈추지 않고 앞으로 나아가는 것은 매우 중요한 능력이에요. 우리는 이 능력을 일생 동안 계속 발전시켜나가야만 합니다.

뇌를 기쁘게 하는
말하기 습관

단지 부정적인 말을 쓰지 않는 것만으로는 부족해요. 이제 여기서 한 발 더 나아가, 긍정적인 말습관을 몸에 익히는 법에 대해 배울 차례입니다. 뇌는 그 무엇보다 긍정의 말을 좋아하니까요.

**목표는 긍정적인 말로
표현할 것**

"매일 이렇게 허송세월이나 하면서 지내고 있다니, 사는 게 죽기보다 싫어."

상대가 이렇게 부정적으로 말했다고 해볼게요. 이럴 경우에는 반드시 질문을 던져, 상대가 긍정문으로 말할 수 있도록 도와주어야 합니다.

"그럼, 허송세월하는 대신 무엇을 하고 싶은데?"
"시간을 알차게 보내고 싶지."
"아, 어떻게 하면 효율적으로 시간을 보낼 수 있는지 알고 싶은 거구나?"

원하는 것을 긍정적으로 말하면, 목표가 명확해지고 이를 얻기 위해 해야 할 행동들이 구체화됩니다. 하지만 목표를 부정적으로 말할 경우, 시간을 낭비하는 문제적 상황에만 몰두하게 되죠.

희망사항을 말할 때 "…하고 싶다"라고 말하는 사람이 있는가 하면, 반대로 "…하고 싶지 않다"라고 하는 사람이 있는데요. 어떻게 말하느냐에 따라 목표를 달성하는 과정이나 그 결과가 매우 달라질 수 있습니다.

"…하고 싶다"고 말하는 사람은 목표 지향적인 태도를 갖고 있지요. 이들에게는 성취하고 싶고 갖고 싶고 이루고 싶은 열망이 있어요. 이들은 일의 우선순위를 잘 알고 있으며,

목표를 달성하는 과정에 적극적이죠. 반면, 무엇을 하고 싶지 않다고 말하는 사람은 문제를 해결하는 데 관심이 많습니다. 자주 하는 말은 "해결하다" "제거하다" "방지한다" "피한다" 등인데요. 이들은 위기 상황에 빛을 발하지만, 부정적인 상황이나 문제점에 주목하느라 목표를 잊기 쉽습니다.

우리의 생각 속에는 마음을 두는 것, 몰두하는 것, 바라는 것들이 엉켜 있어요. 우리가 어떻게 생각하느냐에 따라 얻고 싶은 것이 달라지죠. 목표를 긍정적인 말로 표현하는 습관을 갖는 것이 중요한 이유입니다.

**자기 주도적으로
말하기**

무엇보다, 자기 주도의 말로 뇌를 기쁘게 해보세요. 어쩔 수 없는 상황에 끌려다니면, 일할 맛도 말할 맛도 나지 않아요. 자기 주도의 말로 상황을 컨트롤하는 한편, 상대 혹은 상황에 어쩔 수 없이 끌려다니지 않고 말하는 습관을 길러야 합니다.

"상사가 날 좀 그만 이용했으면 좋겠어."

이런 말은 소망을 담고 있지만, 부정적인 표현을 사용하고 있습니다. 다음과 같은 표현은 어떨까요?

"상사가 나를 존중해주었으면 좋겠어."

부정적인 표현은 사라졌지만, 여전히 주도권은 상사에게 있다는 뉘앙스를 풍깁니다. 이런 말은 넋두리에 불과해요. 변화의 주도권이 나 아닌 다른 사람에게 있을 때 우리가 할 수 있는 일은 그리 많지 않습니다.

그러니, 자기 주도적으로 말하는 습관을 길러 어떤 상황 속에서도 내가 할 수 있는 것에 집중하며, 어려운 상황을 스스로 컨트롤하는 힘을 길러야 합니다. 구체적으로, 다음과 같이 자문해보세요.

"상사로부터 존중받는 사람들에게는 어떤 특징이 있나?"
"상사와의 관계를 개선하기 위해 내가 시도해볼만한 게 무엇이 있을까?"
"관계 변화를 위해 지금과 다르게 행동한다면, 어떤 부분이 달라질까?"

이와 같은 질문을 통해 문제 해결의 열쇠가 나 자신에게 있음을 깨닫고, 스스로 할 수 있는 것들에 집중하는 것이 목표를 이룰 확률을 훨씬 높여줍니다. 또한 부정적인 말습관을 점차 개선해나가는 데도 큰 도움이 되죠.

우리는 우리에게 매일 일어나는 많은 사건들을 대하며 피해자처럼 반응할 수도, 해결사처럼 반응할 수도 있습니다. 무기력한 피해자 의식을 느낄 것이냐, 상황을 주도해나갈 것이냐는 오직 우리의 생각과 말에 달려 있음을 잊지 마세요.

'인생은 해석'이라는
말을 믿어볼 것

인지 치료는 탁월한 효과가 과학적으로 입증된 심리 치료법으로, 1960년대 심리학자 아론 벡Aaron Beck에 의해 시작되었습니다. 그는 우울증 환자들을 치료하다가 부정적인 생각과 자동적으로 떠오르는 생각들이 있음을 발견하고 이를 교정함으로써 다르게 느끼고 행동하게 하는 인지 요법을 확립했죠.

이는 문제를 해결하기 위해 과거의 경험이나 무의식을 파고들던 정신분석과는 전혀 다른 접근법으로, 현재 자신의 문제에 대해 제대로 인지하는 것에서 출발합니다. 아론 벡은 부정적인 사고가 하나의 습관이며, 인생에 좋지 않은 영향을 주는 생각과 잘못된 믿음에 의해 만들어진다고 했습니다.

자기 자신이나 세상, 미래에 대해 왜곡된 생각과 부정적인 사고방식을 가진 사람은 쉽게 절망하고 결코 스스로가 변화할 수 없다는 무력감에 빠집니다. 인지 치료는 이런 비합리적인 생각을 바꿈으로써 정서적 문제와 행동을 동시에 해결하죠.

미국의 정신과 의사들이 가장 많이 읽는 책으로 알려진 《필링 굿*Feeling Good*》의 저자 데이비드 번스David Burns는 세계 최고의 행동치료 전문가입니다. 우울증에 관한 그의 연구에 따르면, 약을 쓰지 않고 인지 치료만으로 놀라운 효과를 낸 사례가 많다고 해요.[24] 우울증 외에도 인지 치료는 불면증, 만성두통, 불안장애, 공황장애, 주의력 결핍, 외상 후 스트레스 등에 좋은 효과를 보입니다.

3장은 많은 부분에서 인지 치료 이론을 바탕으로 했는데요. 정서적 문제가 없다 하더라도, 자동적으로 원치 않은 생각을 하게 된다거나 스스로의 말을 다스리고 싶은 사람들에게 도움이 되는 내용들입니다.

우리의 생각은 감정과 행동에 영향을 미치고, 반대로 우리의 행동은 사고 패턴과 감정에 영향을 미칩니다. 누구라도 왜곡되지 않은 방식으로 매일 일어나는 사건을 인식하고 말함으로써 더 나은 감정을 느낄 수 있죠. 원치 않는 부정적인 생각이 들면 왜곡된 생각과 잘못된 믿음을 없애기 위해 머릿속의 필터를 점검해보세요. 그리고 "어떻게 이런 생각을 하게 되었나?"라는 질문을 스스로에게 던져보는 겁니다.

내 생각에 객관적인 근거가 있는지, 지금의 생각이 일시적인 것인지 지속되는 것인지, 다르게 생각할 부분은 없는지 등 세상과 사건을 바라보는 생각을 늘 점검해봐야 합니다. "지금 이 순간 당신이 생각하는 대로 느끼고 행동한다"라는 번스 박사의 말처럼, 우리 모두에게는 생각을 바꿔 말을 바꾸고 긍정적인 행동에 이르게 하는 건강한 습관이 필요합니다. 성공한 사람들은 인생에 고난이 없는 사람들이 아니라 그 고난에 대한 해석을 달리한 사람들이라는 것을 기억하세요. 건강한 생각을 할 때 우리는 더 만족감을 느끼고 각자의 분야에서 최고의 능력을 발휘하게 될 것입니다.

문제에 집중해야
답이 보인다고?

    텍사스 주 달라스에 있는 프레스턴우드 교회Prestonwood Baptist Church는 미국 침례교의 중심지이자 보수 중산층의 가치를 대변하는 곳입니다. 이곳은 여러 설교가와 저명한 작가들이 초청 강연을 하기로 유명한 곳이죠. 저는 이곳에 가서 종종 강연을 듣는데요. 세계 각국에서 온 훌륭한 연사들의 강연을 한자리에서 들을 수 있다는 것은 큰 기쁨이 아닐 수 없습니다. 특히 프레젠테이션 스타일을 연구하는 데도 큰 도움이 되죠.

    어느 날, 저는 프레스턴우드 교회의 담임 목사인 잭 그레이엄Jack Graham 박사의 설교를 듣게 되었어요. 그는 어린 시절,

천주교 라디오 방송에서 우연히 들었던 말 한마디가 지금까지도 잊히지 않는다고 했습니다.

"어둠을 탓하지 말고, 불을 켜라.Better Light than curse the darkness."

이 단순한 말이 하도 마음에 들어 종일 그 말을 따라 했다고 합니다. 오죽했으면 듣다 못한 그의 어머니가 핀잔을 주기도 했다는군요.

"잭, 너는 무슨 침례교인이 온종일 신부님 말만 하니?"

잭이 말했습니다.

"누가 한 말이 뭐 그리 중요해요?"

할 수 있는 것에
집중하는 태도

그렇습니다. 누가 한 말이든 가슴에 새기는 사람이 임자입니다. 어린 시절 마음에 새긴 그 말은 문제가 생길 때마다 평생 잭에게 강력한 힘을 발휘했습니다.

'잭, 어둠을 저주해봤자 무슨 소용이 있겠어? 네가 할 수 있는 것에 집중해!'

잭은 이제 은퇴를 앞둔 백발의 설교자가 되어 지금 제 눈앞에서 쩌렁쩌렁한 목소리로 힘주어 말하고 있습니다. 문제에 집중하지 말고, 해법에 집중하라고.

문제가 있나요? 하도 깜깜해 아무것도 보이지 않고 막막한가요? 그렇다면 어둠을 탓하지 말고, 불을 켜보자고요! 여러분도 이 말을 붙잡게 되길 소망합니다.

오랫동안 사람들은 '문제와 해법' 간에 직접적인 관계가 있다고 믿고, 문제 해결을 위해 원인을 찾는 데 많은 노력을 기울여왔습니다. 엔지니어들은 기계의 결함을 잡아내고, 의사들은 병의 원인을, 기업에서는 내부의 문제점을 찾아 고치는 능력이 중요한 성공의 조건이었죠.

하지만 오늘과 같은 정보화 시대에는 새로운 상황을 빠르게 인식하고, 이에 창의적으로 대처하는 능력이 필요해요. 이제는 어제의 해법이 오늘의 답이 되거나, 다른 사람이 찾은 성공 전략이 내 것이 되리라는 보장이 없습니다. 리더라고 해서 모든 문제의 답을 갖고 있지 못하며, 선배의 경험이 문제를 꼭 해결해주는 것도 아닙니다.

최근에는 하루가 다르게 변해가는 세상에서 문제가 아닌 해법에 집중하고, 약점이 아닌 강점에 집중하는 것이 더욱 효과적이라는 이론The Solutions Focus이 크게 주목받고 있습니다. 이는 문제의 원인을 찾아서 고치는 것이 아니라 이미 잘 되고 있는 것에 힘을 모으는 새로운 태도인 것이죠. 또 정답은 하나만 있는 것이 아니며, 창의적인 대안이 많을수록 좋다는 주장이기도 합니다.[25]

그런데 해법에 집중하기 위해 먼저 해야 할 일이 있습니다. 문제에 집중하는 데 너무나 익숙한 우리의 생각과 말부터 바꿔야 해요. 그러려면 문제가 생겼을 때 그 원인을 따지지 않고 해법으로 눈을 돌리겠다는 의지와 강력한 결단이 필요합니다.

문제에 집중하는 말 vs.
해법에 집중하는 말

무슨 일이 생겼을 때, 당신의 입에서는 어떤 말부터 나오나요?

"누가 이렇게 한 거야?"

"왜 이렇게 된 거야?"

"무엇부터 고쳐야 하지?"

"대체 우리 부서는 뭐가 문제인 거야?"

"이 복잡하고 곤란한 문제를 어쩐다?"

이처럼 문제에 집중하면 계속해서 책임이 누구에게 있는지를 집요하게 따지게 되고, 문제점에 대해서만 말하게 됩니다. 사람들은 자연히 방어적인 태도로 변하고, 피해의식에 휩싸이게 되죠. 가장 큰 문제는 이런 말론 해결책을 찾기 힘들다는 것입니다.

안 되는 것만 말하는 사람은 새로운 가능성을 볼 수 없어요. 변화하고자 하는 마음은 꺾이고, 장애물만 보이죠. 그래서 많은 학자들이 문제를 고치려는 것은 장기적으로 볼 때 좋은 전략이 아니며, 그 대신 잘하는 것, 할 수 있는 일에 집중하는 것이 더 효과적이라고 말하는 것입니다.

만약 너무 부정적인 생각에 몰입해 문제의 원인을 따지는 질문만 하게 된다면, 스스로에게 다음과 같은 질문을 던져보세요. 이는 대화 상대에게도 마찬가지로 적용됩니다. 물론 상대가 겪고 있는 문제에 대해 잘 들어주고 공감해주는 것이 우선이지만, 너무 오랫동안 문제에 머물러 있는 것도 좋지 않습니다. 상대의 시선을 돌려 문제의 해결법을 찾고, 미래를 보게 하는 질문을 해보세요.

"지금까지 그래도 잘 되고 있는 점은?"
"지금 이 상황에서 가장 필요한 것은?"
"이런 결과가 앞으로 우리에게 어떤 영향을 줄까?"
"우리가 당장 할 수 있는 일이 무얼까?"
"이 문제를 다른 방향으로 보면 어떨까?"
"이것이 어떤 기회가 될 수 있을까?"
"그렇게 되기 위해 무엇이 필요할까?"
"자, 그럼 이제 어떻게 해야 하지?"

해법에 집중하는 말은 단순하지만 강력합니다. 비난보다는 '행동'을 하게 하고, 서로를 격려하며 할 수 있는 다른 선택을 찾게 하죠. 그렇게 문제 해결을 위해 각자 할 수 있는 일들에 대해 말하다 보면 새로운 길이 열립니다.

해법에 집중하는 말을 한다고 해서 문제 상황을 외면한다는 뜻은 결코 아닙니다. 오히려 문제를 대화의 출발점으로 삼아, 현재의 상황을 객관적으로 인식한 후 목표에 집중하는 것에 가깝습니다. 그리하여 자연스럽게 "무엇이 달라져야 하나? 하는 차이를 생각하게 되는 것이 포인트죠.

이렇게 대화법만 살짝 바꿔도 사람들은 다르게 생각하고, 문제보다는 가능성을 보게 됩니다. 관점을 바꾸면 문제가 더이상 문제가 아니게 되거나 완전히 새로운 시각이 생겨 생각지도 못한 좋은 해법을 얻기도 합니다. 이렇게 말하는 당신은 끌리는 사람, 가까이하고 싶은 사람이 될 거예요.

반대로, 문제에 집중하는 사람은 왜 그런 일이 생겼는지 원인부터 파악하고 누구에게 책임이 있는지를 따집니다. 가정에서든 일터에서든 문제가 생겼을 때 원인을 따지는 것은 과거에 집중하게 하고 부정적인 에너지를 만듭니다. 다시는 같은 실수를 반복하지 않기 위해서라고 말하지만 사실은 관점의 차이이고, 사람들은 이런 사람을 피해 다니기 바쁩니다.

우리 인생에 문제없는 날이 얼마나 될까요. 개인이든 조직이든 문제가 완전히 없을 수는 없어도 문제에 빠지지 않는 선택은 얼마든지 할 수 있습니다. 내 탓, 네 탓을 할 것인가 아니면 말을 바꿔 해법에 집중하는 말을 할 것인가. 이는 전적으로 우리의 선택에 달렸습니다.

그러기 위해 우선 내가 어떻게 말하는 타입인지부터 알아야 합니다. 앞서 제가 던졌던 질문으로 한번 돌아가 볼까요?

"무슨 일이 생겼을 때, 당신의 입에서는 어떤 말부터 나오나요?"

네 탓, 내 탓, 하다못해 날씨 탓이라도 하고 있진 않나요? 내 언어 습관을 관찰해보자고요. 자신이 하는 말을 녹음하든, 주위 사람들에게 솔직한 피드백을 구하든, 자신이 문제에 집중하는 타입인지 아니면 해법에 집중하는 타입인지 깨닫기 전에는 절대로 변할 수가 없습니다.

해법에 집중한다는 것은

해법에 집중한다는 것은 잘못된 것이 아니라 잘 되는 것에 주목하고, 할 수 없는 것이 아니라 할 수 있는 것에 집중하는 태도입니다. 하지만 여기에는 문제 자체의 해결법을 찾는 것만이 아니라 상황 전체를 다르게 보는 데 더 큰 의미가 있습니다.

예를 들어볼게요. 동네 우물에서 물을 안전하게 길어오는 방법에 대해 아버지와 아들이 머리를 맞대고 논의를 합니다. 하루에도 몇 번씩 그것도 긴 줄을 서가며 물을 길어오는 것이 매우 번거로웠거든요.

"사람들을 피해 새벽에 가볼까요?"

"한번에 많이 길어올 수 있도록 큰 통을 준비하자."

"무엇보다 물을 아껴써야겠죠."

여러 궁리 끝에 아버지가 외쳤습니다.

"내가 왜 여태 이 생각을 못했지! 당장 우리 집 마당에 우물을 파자꾸나!"

이 이야기 속의 아버지는 문제를 다르게 바라봄으로써 위기에서 기회를 만들어내고야 말았습니다. 이와 같이 혁신을 이루기 위해서는

1. 어떤 어려움 속에서도 문제를 보지 않고 대안을 찾는 능력을 길러야 합니다.
2. 지금까지 해결할 수 없는 문제에 집중됐던 힘을 긍정적인 미래 에너지로 바꿔 사용해야 합니다.
3. 갖지 못한 것보다 이미 갖고 있는 능력과 자원을 활용할 줄 알아야 합니다.[26]

하나보다는 둘,
둘보다는 셋

힘든 일을 겪고 있는 사람과 대화를 해보면, 문제 그 자체에 지나치게 집착하느라 앞으로 나아갈 생각을 당최 하지 못하는 경우가 많습니다. 그럴 경우, 필연적으로 무기력해질 수밖에 없습니다. 어쩔 수 없다는 생각에 아무것도 하기 싫다는 마음이 정신을 지배해버리는 것이죠.

"정말 자신이 없어요. 뭘 어떻게 해야 할지 도무지 모르겠어요."

"되는 일이 하나도 없어요. 과연 내가 살아남을 수 있을지 확신도 없고요."

주변에 이렇게 말하는 사람이 있나요? 그렇다면 우선 상대의 막막한 감정에 공감을 표해주세요. 그러고 나서 다음과 같이 물어봅니다.

"당장은 돌파구가 없는 것처럼 느껴질 수 있겠네요. 그래도, 아주 조금이라도 다른 각도에서 볼 여지는 없을까요?"

사방이 꽉 막힌 것처럼 깜깜해 보여도 바깥으로 뚫린 구멍이 하나쯤은 있게 마련입니다. 이런 질문이 곧바로 상대에게 해결책을 안겨주지는 않겠지만, 상대가 자신의 상황을 좀 더 객관적으로 바라볼 수 있는 기회는 줄 수 있습니다.

늘 그렇듯, 어둠 속에서 필요한 것은 한 줄기 빛입니다. 처음에는 희미하지만, 그 빛을 따라가다 보면 하나둘씩 길이 보이게 마련이죠. 우리가 해법에 집중해야 하는 이유입니다.

**많은 선택지를
찾아볼 것**

그렇다면 해법에 집중하기 위해서는 구체적으로 어떻게 해야 할까요?

그 첫걸음은, 어떤 어려움 속에서도 문제를 보지 않고 대안을 찾는 능력을 키우는 것입니다. 창의적인 대안을 많이 가지고 있을수록 문제 해결은 쉬워지게 마련이죠. 또한, 선택할 것이 있는 사람은 결코 절망하지 않아요. 그것도 여러 가지 선택을 할 수 있는 사람은 옵션 많은 자동차처럼 어떤 상황에서도 잘 달립니다.

하나의 정답이 아닌 가능한 한 많은 선택지를 찾아 적어보세요. 이때 다양한 생각들이 무시당하거나 비판받지 않는 분위기를 만드는 것이 중요합니다. 특히, 여럿이 함께 문제를 해결해나가야 할 때는 모든 사람이 자유롭게 자신의 생각을 말할 수 있어야 하고, 다소 황당하게 들리는 의견이라 할지라도 충분히 존중받아야 합니다. 모든 생각은 창의적인 해법을 위한 소중한 자원이며, 이것들이 나중에 어떤 열매를 맺을지는 아무도 모르는 일이니까요.

또 가장 좋은 해결법을 찾기 전에는 꼼짝도 안 하겠다는 마음보다는 다양한 선택들(특히 아직 한 번도 해보지 않았던 것들)을 실험적으로 해보는 것도 좋습니다. 사람들은 행동을 결정할 때 현재의 상황으로 인해 제한을 받을 때가 많아요. 하지만 여러 대안들을 하나씩 시도하다 보면, 결국에는 현실을 극복할 가능성이 커지죠. 이런 식으로 작은 변화가 일어나면,

아직 문제가 완전히 해결된 것이 아니더라도 마음은 한결 밝아지고 자신감이 생길 수 있습니다.

상황을 객관적으로
말해보기

아무리 대안으로 관심을 돌리려고 해도 현재의 상황과 문제에 대해 생각이 떠나질 않는다면 어떻게 해야 할까요? 무엇보다, 감정을 배제하고 현재의 상황을 객관적으로 말하는 연습을 해야 합니다. 감정을 과장하지도 말고, 센 척하지도 말고, 담담히 있는 그대로 말하는 연습을 해보세요.

그리고 큰 소리로 아래의 질문들을 스스로에게 던져보세요. 이렇게 스스로 묻고 답하는 습관은 우리를 해법에 집중하게 해주며, 자신이 가지고 있는 것들이 무엇인지 제대로 바라볼 수 있게 해줍니다.

"내가 가진 강점과 자원은 무엇인가?"
"나를 도와줄 사람은 누가 있나?"
"무엇이 달라져야 할까?"

"어떤 상태가 되길 희망하나?"

"오늘 무엇을 다르게 시도할 수 있을까?"

"나만의 창의적인 해결법에는 무엇이 있을까?"

"목표대로 벌써 진행되고 있는 부분은 무엇인가?"

"비록 완전하지 않더라도 지금까지 얻은 성과는?"

"그렇게 되기 위해 오늘 무엇을 해야 하나?"

"그렇게 될 수 있다는 자신감은 어느 정도인가?"

"자신감이 더 높아지기 위해 지금 이 순간 필요한 것은?"

"그 밖에 또 뭐가 있을까?"

"또…?"

거듭 말하지만, '어떻게 말하느냐'는 우리의 생각에 영향을 주고, 우리의 생각은 행동으로 나타납니다. 해법에 집중하는 말은 우리의 생각을 바꾸고, 우리가 선택할 수 있는 더 많은 대안을 제시해줄 거예요.

단어와 표현법을 익히고 외우는 능력은 외국어를 공부할 때만 필요한 것이 아니에요. 해법에 집중하는 대화법, 새로운 가능성을 찾는 말, 부정적인 문제에서 벗어나도록 해주는 질문이 내 것이 될 수 있게 훈련해야 합니다. 노력이 필요 없도록, 습관이 되도록 말이죠!

책에 나온 것 외에도, 대안을 찾는 좋은 질문을 찾아 주위의 가까운 사람들과 나눠보세요. 저절로 어휘력과 표현력이 풍성해질 거예요. 문제가 생겼을 때 상대를 비판하는 대신 해법에 집중하는 말들이 자동적으로 튀어나온다면, 우리는 이미 문제 해결의 능력자입니다!

과거를 가장
잘 활용하는 법

  방 한구석, 따뜻한 빛을 발하는 스탠드가 자리 잡고 있습니다. 스탠드 옆에 놓인 카우치에 누우니 처음에는 조금 어색했지만, 곧 나른함이 느껴질 정도로 편안합니다. 천장에는 불이 꺼져 있어 똑바로 누워 있어도 눈이 부시지 않아서 좋습니다. 이윽고 들려오는 선생님의 목소리에 의지해 마음 가는 대로 대답을 합니다.

  영화나 드라마에서 지나가며 한 번쯤 봤을 법한 익숙한 장면이죠? 그렇습니다. 마음이 왜, 어디가 어떻게 아픈지 들여다보기 위한 곳, 바로 상담실의 모습입니다. 말로 하는 상담 치료의 근본인 '정신 분석'은 숨기고만 싶었던 자신의 과거 상처와 마주하게 합니다.

　정신 분석의 창시자 지그문트 프로이트Sigmund Freud는 인간이 무의식의 영향을 받으며, 과거가 현재 및 미래의 삶에 깊은 영향을 준다고 믿었습니다. 그래서 심리적인 문제를 해결하기 위해 과거, 특히 어린 시절에 관해 많은 질문을 했죠. 이는 '원인'이 멈추면 '결과'도 멈춘다는 전제에 따른 것인데요. 이처럼 과거를 묻는 것은 상담에서 매우 중요한 일로 간주됩니다.

이제부터
'과거'보다는 '미래'

　　　　　그런데 지금부터 이와 조금 다른 이야기를 해보려고 해요. 심리학자 가운데는 문제를 해결하기 위해 꼭 과거를 알아야 하는 것은 아니라고 주장하는 사람들도 많이 있습니다. 즉, 문제의 원인을 굳이 이해하고 제거하고자 노력할 필요가 없다는 말입니다. 그 대신, 환자가 중심이 되어 스스로 잠재된 해법을 찾으려 노력하는 게 중요하다고 말합니다.

　이는 기존의 상담과 매우 다른 시각으로 문제를 해결하고

자 하는 새로운 모델입니다. 지금까지 해결할 수 없는 문제에 집중됐던 힘을 긍정적인 미래 에너지로 바꿔 사용하는 데 주안점을 두는 방식이죠. 무엇보다도 상대가 자신의 문제를 스스로 해결할 능력을 가지고 있다고 믿는 것입니다.

"그래서 어떻게 됐는데?"

우리는 다른 사람과 이야기를 할 때 꼭 앞뒤 사정을 알려고 하는 경향이 있어요. 그러다, 들어도 감당 못 할 남의 문제를 자세히 묻는 바람에 상대에게 기억하고 싶지 않은 일을 떠올리게 하기도 하죠. 사실 필요한 것은 누군가가 이야기하는 만큼 들어주고, 그가 필요로 할 때 함께 있어주면 되는 것인데 말입니다.

좋은 대화자는 함부로 과거를 묻지 않습니다. 문제 해결을 위해 반드시 원인을 알아야 하는 것은 아니죠. 우리는 앞뒤 상황을 다 알지는 못하더라도 얼마든지 다른 사람을 도울 수 있다는 것을 믿어야 합니다. 좋은 대화자는 잘 들어주고, 상대가 문제를 바로 보고 해결법을 찾을 수 있도록 도움을 주는 파트너입니다.

어쩔 수 없는 과거의 일에 에너지와 시간을 쓰는 대신, 변화될 미래를 생각하는 것은 좋은 에너지를 만듭니다. 미처 해법을 찾기 전이라도 가능성에 대해 말하다 보면 부정적인 감정에서 벗어나 자신감을 찾을 수 있죠.

성공했던 기억은
꺼낼수록 좋다

물어도 좋은 과거도 물론 있습니다. 바로 과거의 성공 경험입니다. 어려움을 극복했던 과거의 기억을 가져와 현재의 위기를 극복하는 데 활용하는 것은 매우 좋은 방법이에요.

사람들은 자신이 이룬 업적을 당연하게 생각하고, 심지어 쉽게 잊어버리는 경향이 있어요. 상대가 자꾸 안 좋은 쪽으로만 생각한다면, 그가 과거에 얼마나 멋지게 일을 해냈으며 어떻게 어려움을 극복했는지 떠올리게 해주세요. 이때 질문의 방식을 활용해 상대가 스스로 떠올리게 하는 것이 중요합니다.

"이와 비슷한 일을 전에도 경험해본 적이 있나요?"
"그때는 어떻게 해결했나요?"

"이런 일을 과거에 경험했을 때 누가 도움이 되었나요?"

"어떤 방법이나 자원을 이용했었나요?"

"예나 지금이나 잘 진행되고 있는 점은 무엇인가요?"

"그때와 지금의 차이는 무엇인가요?"

"그럼 이번에는 어떻게 해보는 게 좋을까요?"

"그때 끝장이라고 느꼈던 감정은 어떻게 변했나요?"

이런 질문들은 과거의 성공 기억을 가져와 어려움을 뛰어넘게 하는 도약대가 되어줍니다.

그 후, 상대의 답변에서 유용한 점을 찾아내 이를 강조하고 다시 들려줌으로써, 그의 긍정적인 에너지를 끌어올려주세요. 과거에도 했으니 지금도 잘할 수 있다는 자신감을 갖게 하는 데는 많은 말이 필요하지 않습니다.

지친 사람에게 힘이 되는 말

소중한 친구나 가족이 힘들어할 때 어떤 말을 해야 할지 난감한 순간이 있습니다. 무슨 말을 해도 위로가 되지 않을 때, 자신이 더 잘 하지 못한 것을 자책하고 힘들어할 때, 힘이 되는 좋은 질문을 소개해 드릴게요.

"내가 봐도 정말 힘들 것 같은데, 더 나빠지지 않은 게 놀라워. 그런데 어떻게 지금 상태를 유지할 수 있는지 물어봐도 돼?"

희망이 없다고 생각하며 하루하루 버티고 있는 사람에게 이런 질문은 어려움 속에서도 (조금이나마) 성공의 느낌을 갖게 해줍니다. 더 나빠지지 않고 버티는 것도 무척 잘 하고 있는 것이라는 격려는 그가 무력감에 대항하고 있는 중임을 일깨워주니까요.

자신에 대해
얼마나 알고 있나요

해법에 집중하기 위해서는 우선 자기 자신을 잘 알고 있어야 합니다. 이는 전장에 나가는 장수가 자신의 무기고를 점검하는 것과 같은 일이죠. 자신이 갖고 있는 무기의 종류와 그것들의 화력을 속속들이 아는 장수는 이를 바탕으로 전투 계획을 세우고 승리를 다짐합니다.

여러분은 자신에 대해 얼마나 알고 있나요? 내 강점이 무엇인지, 내가 어떤 잠재력과 자원을 가지고 있는지 제대로 알고 있나요? 남에게 인정받는 것도 중요하지만, 사실 더 중요한 것은 자기 자신의 강점을 알고, 이것을 말로 표현할 줄 아는 것입니다. 그런데 우리들 대부분은 자신에 대해 이상하리만치 낮게 평가합니다. 물론 겸손은 미덕이지만, 자신에 대해 정확히 아는 것은 겸손과 아무런 상관이 없죠.

새 학기가 되어 학생들에게 자기소개를 시키면, 학생들은 마치 자기반성이라도 하듯 부족한 점, 고쳐야 할 점 들에 대해 많은 이야기를 합니다. 마치 꼭 그렇게 해야 발전할 수 있다고 믿으면서 새 출발을 다짐하는 것처럼요. 하지만 약점에만 집중하다 보면, 자신감은 물론 하고 싶은 일도 사라지고 맙니다.

나 자신을
아는 것이 출발점

미국에서 공부할 때 펜실베이니아대학교 긍정심리학센터에서 만든 도구로 내 강점을 테스트해본 적이 있어요(이 검사 도구는 인터넷에서 누구나 무료로 이용할 수 있습니다*). 테스트를 한 후, 여러 가지 강점들이 자세히 나온 결과지를 보고 저는 매우 놀랐습니다. 다른 사람과 구분되는 나의 특성이 이렇게나 많다니! 이전에는 미처 몰랐거든요.

---

* https://www.authentichappiness.sas.upenn.edu/Tests/SameAnswers_t.aspx?id=310

참으로 좋았던 점은 "아, 이런 면도 강점이 될 수 있구나!" 라고 새롭게 깨달은 것이었어요. 별것 아닌 것처럼 생각했던 부분도 나의 강점이란 걸 알고 나니, 새로운 일을 하거나 목표를 세울 때 든든했고 자신감도 높아졌습니다.

우리는 보통 '해야 하는 일'보다 '하고 싶은 일'을 하는 데 자신의 강점을 사용합니다. 못하는 것보다는 잘하는 일, 즐거운 일을 할 때 자신의 가치를 느끼죠. 다른 사람의 목표를 따라가거나 부모가 바라는 것을 이루려는 것이 아니라 자신의 특성에 맞는 목표, 살면서 꼭 이루고 싶은 목표를 세우는 것은 중요한 일입니다.

"어떤 사람이 되고 싶나요?"
"좋은 리더가 되고 싶습니다."

충분한 대답이 아닙니다. 하지만 나 자신의 특성에 대해 잘 안다면, 구체적으로 어떤 식의 좋은 리더가 되고 싶은지 말할 수 있을 거예요.

나는 지식이 많거나 지혜로운 사람일 수 있고, 반응은 좀 늦지만 인내심이 많은 사람이거나, 예민하여 쉽게 다가가긴 힘들지만 뛰어난 감각의 소유자이거나, 내성적이지만 신중하고 영적인 사람일 수 있습니다. 사람은 저마다 서로 다른 특성을 가지고 있을 뿐입니다. 어느 특성이 다른 특성보다 우월하다고 말할 수 없는 것이죠.

자기 자신을 제대로 안다는 것은 자신의 특성들에 대해 있는 그대로 안다는 뜻이에요. 이런 사람은 교만함이나 열등감 없이 자신에게 맞는 목표와 실천 계획을 세울 수 있습니다. 운전하기 전에 자동차 매뉴얼을 읽은 사람이 그렇지 않은 사람보다 기능을 속속들이 알고 자동차를 사용할 수 있듯이, 나 자신을 알아야 내 능력을 온전히 발휘할 수 있을뿐더러 어떤 어려움 가운데서도 다른 사람의 말에 흔들리지 않고 자신의 길을 갈 수 있습니다.

우린 때때로 갈 길을 잃어요. 한 가족의 가장도, 한 기업의 대표도, 한 나라의 대통령도 길을 잃곤 합니다. 그것이 우리 인간이죠.

하지만 평소 자신의 강점, 자원, 에너지를 잘 알고 이를 극대화하는 훈련을 해온 사람이라면 문제를 만났을 때 원인보다는 해법에 집중할 수 있습니다. 문제에 빠져 허우적대는 시간을 최소화하고 자기 내면을 바라보는 것입니다. 그러고 나서 입을 열어 긍정의 말을 선포하며 자기 안에서 해법을 찾는 것이죠.

비교는
사양하겠어요

문제는, 남이 가진 강점을 부러워하고 비교하게 되는 것이 인지상정이라는 거예요. 내가 이미 갖고 있는 것은 당연하게 여기고, 자꾸만 갖지 못한 것들에 눈길이 가는 거죠. 이럴 땐 이렇게 말해야 합니다.

"비교는 사양하겠어요!"

먼저 자기 자신에게 그리고 주위의 수많은 목소리들에게. 나는 나 자신에 대해 가장 잘 알고 있는 사람이며, 내 인생 최고의 전문가임을 선포하는 겁니다. 비교의 말은 우리를 낙담하게 할 뿐 문제 해결에는 전혀 도움이 되지 않으니까요.

한번은 소위 말하는 '명문대' 수석 졸업을 앞둔 학생을 코칭한 적이 있어요. 학교 안팎에서 우수한 학생임을 인정받은 그의 마음속에는 누구도 예상치 못한 고민이 있었죠. 자신은 공부를 잘하기 위해 엄청나게 노력하는 타입인데, 머리가 좋아 몇 시간 공부해서 좋은 성적을 내는 사람들이 많아 불안하다는 거였어요. 그는 수석의 기쁨도 누리지 못하고, 누가 쫓아올까 봐 제대로 쉬지도 못했습니다. 심지어 운동장에 나가 축구 한 번 하는 것에도 죄책감을 느끼고 있었어요.

우리는 오랜 시간 동안 대화를 나누었어요. 앞으로 평생 연구자의 길을 갈 거라는 그 학생이 얼마나 오랫동안 쉬지 않고 공부를 할 수 있을지, 졸업 후 취업을 하든 유학을 가든 더 넓은 세계에서 만나게 될 수많은 사람들과 매일 비교하며 산다는 것이 어떤 마음일지.

한참을 이야기하고서 그는 자신이 남과의 비교를 멈추지 않는 한 계속 괴로울 수밖에 없으리라는 것과, 비교를 통해 얻을 수 있는 실익이 별로 없다는 것을 깨닫고 조금은 편안한 얼굴이 되었습니다. 물론 이 한 번의 대화로 그가 다시는 비교를 하지 않으리라 장담할 수는 없지만, 적어도 그런 순간이 오면 "그만 멈춰!"라고 스스로에게 말하게 될 거예요.

자기 자신을 인정하지 않으면 어떤 위치에 올라가도 불안함을 느끼고 남과의 비교를 멈추지 못하게 돼요. 머리가 좋다는 것은 집중력이나 암기력이 좋은 것일 수도 있고, 창의성이 뛰어난 것일 수도 있고, 환경을 다루는 총체적인 능력이 남다른 것일 수도 있습니다. 과연 이 가운데 무엇이 더 좋은 능력일까요? 그것을 규정하는 것은 또 누구일까요?

다른 사람과 나를 비교하는 것은 바람직하지도 않을뿐더러 그 자체로 불가능한 일입니다. 어떤 근거로, 무엇과 무엇을 비교할 수 있을까요? 우리가 할 수 있는 최고의 선택은 그저 우리의 강점을 알고 이를 극대화하여 자신의 방법으로 문제를 해결해나가는 것입니다.

"당신은 당신이 생각하는 것보다 훨씬 능력 있다는 것을 알아야 해요."

누군가에게 이런 말을 해준 적 있나요? 그렇다면 정말 다행이고, 그렇지 않더라도 너무 실망할 필요 없습니다. 일단 이 말을 자기 자신에게 그리고 격려가 필요한 누군가에게 꼭 해주셨으면 합니다. 해법 중심의 말을 하는 사람은 사소한 발견이나 작은 변화에도 기뻐하며, 상대와 함께 성장해나갈 수 있으니까요.

풍부한 자원

우리가 갖고 있는 '자원'이라고 하면, 보통 부모로부터 물려받은 재력이나 학벌, 스펙 등을 떠올리기 쉽습니다. 하지만 이게 다가 아니죠. 지금껏 살면서 얻은 크고 작은 성공 경험, 실패 경험, 주위 사람들, 가치, 평판 등이 모두 나의 소중한 자원이니까요. 이 가운데 특히 소중한 자원은 '실패'입니다. 우리는 성공 못지않게 과거의 실패로부터 배우고 성장하죠. 그러므로 실패도 큰 밑천임을 알아야 합니다.

"이번 실패를 통해서 무엇을 배웠나?"

"나만의 노하우는 무엇일까?"

"구체적으로 나의 어떤 면이 다른 사람에게 도움이 될까?"

"이번 업무를 할 때 이용할 수 있는 과거의 경험은 무엇이 있을까?"

"이런 걸 잘하는 팀은 누구일까?"

"어떤 지원이 있다면 해볼 만하겠는가?"

"그래도 전에 해본 일이니, 나은 점이 있다면?"

"여기서 필요한 것 이상을 구하려면 어떻게 해야 할까?"

이런 질문들은 내가 가진 자원이 얼마나 많은지, 내가 무슨 자원을 가지고 있는지 깨닫게 해줍니다. 물론 나 자신뿐 아니라 자신이 가진 자원에 대해 미처 알아차리지 못하고 있는 상대를 일깨우기에도 좋은 질문들입니다. 필요한 자원을 주지 않은 운명을 원망하는 대신, 내가 활용할 수 있는 나만의 자본을 볼 줄 아는 사람은 그만큼 성공에 성큼 다가갈 수 있습니다. 내가 가진 것이 얼마나 많은지 한 번쯤 돌아보셨으면 합니다.

말하는 대로,
믿음을 주는 대로

"코칭은 성과를 극대화하기 위해 묶여 있는 개인의 잠재력을 풀어주는 것이며, 개인이 스스로 성장하도록 돕는 것이다. 인간은 도토리와 같아서 지금은 비록 작고 보잘것없어 보이지만 장차 거대한 떡갈나무로 성장할 잠재력을 이미 갖고 있다."

코칭의 선구자 티모시 골웨이가 한 말입니다.[27]

만일 성과를 극대화하기 위해 당근과 채찍을 사용하는 사람이 있다면, 그는 사람을 당나귀처럼 대하는 거라고 생각해요. 사람들은 인간을 바라보는 관점에 따라 타인을 대우하고 그에 부합하는 말을 하게 되어 있다고 믿습니다. 여러분은 어떤 생각을 갖고 계신가요?

상대를
성장하게 하는 사람

저는 현재의 모습과 상관없이 누구나 성장할 것이며, 각자가 문제 해결 능력을 가지고 있다고 믿습니다. 때로는 어려움 앞에서 자신의 능력을 발견하지 못하거나 해결 능력을 잃어버릴 때도 있지만, 기본적으로 저는 날마다 성장하는 인간의 힘을 믿어요.

이런 믿음을 실현시키기 위해 필요한 것들이 있습니다. 긍정적인 생각만으로 모든 도토리가 떡갈나무로 자라는 것은 아니기 때문이죠. 나무가 잘 자라기 위해서는 물과 빛이 있어야 하고, 영양소와 보살핌도 필요합니다.

상대를 성장시켜주는 좋은 대화자에게는 무엇이 필요할까요?

첫째, 이미 드러난 성과에 연연하지 말고 사람들이 더욱 발전할 수 있다는 것을 진심으로 믿어야 합니다. 아무리 좋은 말, 다정한 말을 한다 해도 상대의 가능성을 믿지 않으면 그런 말은 힘을 발휘할 수 없어요. 그러니 믿는 척하는 것이 아니라 진심으로 믿어야 합니다.

둘째, 잠재력은 아직 겉으로 드러나지 않은, 그래서 자신도 모르는 숨겨진 능력입니다. 그러니 문제가 아니라 가능성에 빛을 비춰주고, 숨겨진 능력이 드러나게 하고, 자신감을 가지고 최고의 능력을 발휘하게 하는 말이 무엇일지 고민해야 해요.

"저는 당신이 언젠가는 커다란 떡갈나무로 자랄 것을 믿어요."

이런 말은 듣는 이로 하여금 현재의 모습을 초월해 그 이상의 일을 하고 싶게 만듭니다. 빛이 되고 양분이 되어 다른 사람들을 성장시키죠. 그뿐 아니라 여러분이 속한 조직과 세상까지 풍성하게 합니다.

말로써 상대의 잠재력을 깨우는 사람이 되기 위해서는 셋째, 다른 사람들을 통제하려는 마음이나 정답을 제공하려는 욕구를 버려야 합니다. 한 조사에 의하면, 조직에서 능력을 발휘하는 데 방해가 되는 요소로 '통제'와 '관행' '격려와 기회 부족' '구태의연한 관리 스타일'이 지적되기도 했습니다.[28]

사람의 가능성을
믿는다면

사람들은 믿는 대로, 말하는 대로 삽니다. 사람의 가능성을 믿지 않는 것은 희망을 놓아버리는 것과 다름없어요. 당연하지만, 다른 사람을 믿지 못해 하나하나 챙기고 점검하기보다는 다른 사람들이 잘할 것이라고 믿는 리더가 조직을 성장시킵니다. 좋은 리더는 부서원들이 자신을 능가해 더 많은 일을 하리라 기대하고, 실제로 그렇게 해냈을 때 진심으로 기뻐하는 사람입니다.

실패에 대한 두려움과 자신감 부족, 능력에 대한 확신 부족 역시 성장을 방해하는 요소입니다. 자신감을 세워주고 아직 드러나지 않은 능력을 세워주는 말은 사람을 살리죠. 가정에서든 조직에서든 우리의 대화법이 변하면, 그 변화는 일파만파 커질 것입니다.

"지금껏 살면서 내가 남과 다르거나 특별하다고 느꼈던 순간이 있었나요?"

"'어떤 일을 위해 이 세상에 온 것이다' 같은 생각, 일종의 소명 의식을 느껴본 적 있나요?"

"아주 작은 순간이라도, 어떤 느낌이었는지 묘사해봐요."

이런 질문들은 사람들 스스로 숨겨진 능력을 발견하게 하는 힘이 있습니다. 고난이 닥칠 때 무력감에 빠지는 대신 스스로 해결할 능력이 있다고 믿는 사람은 자신이 얼마나 소중한 존재이며 내면에 어떤 잠재된 능력이 있는지 잘 알고 있는 사람이라 할 수 있죠.

행동은 습관이,
습관은 운명이 됩니다

우리나라 출신 심리상담학자 김인수 Insoo Kim Berg는 남들과 다른 시각으로 문제에 접근하는 해법 집중 모델을 최초로 개발했습니다. 그녀는 미국에서 남편 스티브 드 세이저 Steve De Shazer 와 함께 해결 중심-단기 가족치료센터를 운영해 환자가 가진 부정적인 문제보다 긍정적인 해결에 초점을 맞춰 커다란 치료 효과를 봤죠. 그녀는 치료 과정에서 문제 해결의 키가 환자 자신에게 있음을 강조하며 환자가 잘하는 것, 희망하는 것이 무엇인지에 관심을 기울였습니다.

해법 집중의 원칙은 가족 문제, 관계 문제, 행동 문제 등에 치료적 목적으로 사용될 뿐 아니라 세계적으로 빠른 변화에 대처하고자 하는 기업의 관리법이나 코칭의 도구로 널리 사용되고 있습니다. 많은 연령대에서 이해하고 활용하기 쉬운 해법 집중의 원칙은 원래 심리학자 밀턴 에릭슨 Milton Erickson에게서 비롯됐죠.

"누군가가 강의 흐름을 바꾸려고 물길을 막아서면 강물은 그를 넘거나 돌아갈 것이다. 그러나 강물의 힘을 인정하고 물길을 터주면 새로운 흐름을 만들게 될 것이다."

에릭슨의 주장입니다. 문제의 원인이나 부적응을 제거하려 노력하는 대신, 환자 안에 잠재돼 있는 해법을 찾기 위해 '구체적으로 무엇을 해야 하나?'에 집중하라고 조언한 것이죠.[29]

이들의 주장은 모두 평소 우리가 하는 말이 각자의 세계관을 구성한다고 본다는 데 공통점이 있습니다. 그러므로 말이 곧 현실이 된다는 것을 알고, 문제에 대해 말하는 방식을 바꿔야 한다는 것이죠. 말을 바꾸면 우리의 생각도 바뀌고, 이에 따라 긍정적인 행동을 하게 됨으로써 치유와 변화가 일어날 수 있습니다.

이를 위해, 무엇보다 부정적인 생각에 갇혀 있지 말고 자신이 바라는 것을 꿈꾸고 말할 줄 알아야 해요. 문제의 원인보다는 나만의 강점, 과거의 경험 등 자기가 가진 자원을 충분히 인지하고 활용해야 하죠. 우리 모두 내 인생의 전문가로서 자기 자신의 생각과 말을 바꿈으로써 변화를 주도할 수 있음을 믿어야 합니다.

사실, 문제에 집중하는 것보다 해법에 집중하는 것이 훨씬 쉬운 길입니다. 다만 우리가 상황을 복잡하게 보고 있을 뿐이죠. 그러니 '해결법=잘못된 것 고치기'라는 자동적인 생각을 가지고 있었다면, 이제 다르게 생각하고 다르게 말하는 법을 익혀보세요. 미래 지향적인 해법 중심의 생각은 행동이 되고, 행동은 습관이, 습관은 운명이 되게 마련이니까요.

변화하고 싶다면
스케일로 말해요

"너무 아프다."

"죽도록 힘들다."

"떨려 죽겠다."

"자신 없어 미치겠다."

사람들은 자신의 상태를 실제보다 지나치게 말하곤 하는데요. 듣는 사람 입장에서는 그것이 어느 정도인지 가늠하기 쉽지 않습니다. 이런 식으로 말하는 습관은 앓는 소리를 하는 것으로 여겨져 다른 이로부터 공감을 얻기 힘들죠. 말하는 사람 입장에서도 사람이 아파 죽겠다는데 상대가 알아주지 않으니, 속상하기 그지없을 것입니다.

한번은 허리가 아파 통증클리닉에 간 적이 있었어요. 저는 얼굴을 찡그리며 의사에게 말했습니다.

"허리가 너무 아파요."

의사가 물었습니다.

"통증 수준이 0에서 10까지라고 봤을 때, 어느 정도로 아프세요?"
"음…. 9요."

의사가 다시 물었습니다.

"지난번 방문했을 때는 어땠죠?"
"7 정도요."

이렇게 0부터 10까지의 '스케일Scale'로 말을 하면, 말하는 사람도 편하고 듣는 사람도 이해하기 무척 쉬워져요. 물론 내가 느끼는 9의 통증이 다른 참을성 많은 사람이 말하는 6일수는 있을 거예요. 하지만 스케일로 말하기는 남과의 비교를 목적으로 하지 않으니 상관없습니다. 스케일은 주관적이고 추상적인 느낌을 숫자로 말해 변화를 알게 하는 아주 좋은 방법이죠.

스케일로
말하는 법

　　　　　　　스케일로 말하기는 목표를 세울 때 유용해요. 막연한 목표가 아닌 구체적이고, 실현할 수 있고, 측정할 수 있는 목표를 세우는 데 큰 도움이 됩니다.

목표를 잘 세우려면, 제일 먼저 현재의 위치와 미래에 도달하고 싶은 위치를 잘 알아야 해요. 그 차이를 분명히 느끼도록 해주는 다음의 질문들을 자기 자신에게(또는 대화 상대에게) 해보세요.

"스케일을 0~10까지로 봤을 때, 지금 본인은 어디쯤에 있나요?"

"가장 만족하기 위해 스케일 0부터 10까지 중 어디까지 오르길 바라나요?"

"현재 6이라고 말했는데, 그렇다면 잘 되고 있는 점은 무엇인가요?"

스케일로 말하기는 실천사항을 점검하기에도 좋습니다. 현재 상태에서 무엇을 더 해야 할지 아니면 하지 말아야 할지를 구체적으로 파악할 수 있거든요.

"한 단계 더 높아지기 위해 무엇을 할 수 있을까요?"
"지금보다 한두 단계 더 올라가려면 무엇을 하지 말아야 할까요?"

이처럼 현재 상태(N)에서 N+1이 되기 위해 무엇이 변해야 하는지, 구체적으로 무엇을 해야 하는지에 관해 질문을 던져보세요. 한 주 동안 해야 할 일을 명확히 아는 사람은 이를 실천할 확률도 높습니다.

비록 작은 변화일지라도 변하고 있다는 것을 아는 사람은 포기하지 않고 목표를 향해 나아갈 수 있습니다. 만일 6에서 7이 됐다고 하면 무엇이 잘 되고 있는지 점검하고 격려해주세요. 반대로 6에서 5로 떨어졌다고 하면 방해 요인에 대해 대화를 나누어보아야 합니다.

스케일은 변화를 알아차리기에도 매우 효과적이에요. 막연히 '나아진 것 같다' 혹은 '아직 멀었다'가 아니라, 지난주와 비교해서 얼마나 나아졌는지 숫자로 말하니까요. 희망 목표에 얼마나 근접했는지, 얼마나 잘하고 있는지 정확하게 파악할 수 있습니다.

"5에서 7이 된 것을 어떻게 알 수 있을까요?"
"전과 다르게 무엇을 보고, 듣고, 느끼게 됐나요?"
"주변 사람들은 무엇을 보고 그 차이를 느낄까요?"
"6에서 7이 되기까지 작지만 의미 있는 변화는 무엇인가요?"

이외에도 자신감이나 책임감 등을 점검할 때 스케일을 사용하여 변화를 주도할 수도 있습니다. 스케일이 주관적인 기준이기는 해도 이는 자신이 정한 기준이며 스스로 선택한 것이기에 책임감을 갖고 행동하게 되니까요.

"새로운 운동을 시작하기로 결심했는데, 0~10까지로 봤을 때 얼마나 자신 있나요?"
"다음 주까지 도전 과제를 이룰 가능성이 0~10까지 중 얼마인가요?"

"별로 자신이 없다고 말했는데, 스케일로 말해보세요."

"그렇다면 자신감이 2에서 3이나 4가 되기 위해 무엇을 하면 좋을까요?"

"약속한 과제를 이루기 위해 제가 도울 일이 있나요?"

모호함을 분명함으로, 불가능을 가능으로

좋은 대화자는 어떤 경우에도 다른 사람의 스케일을 존중합니다. 남의 스케일을 높이거나 낮추려 하지 않고, 자기 기대에 이르지 못한다고 추궁하지도 않죠. 오히려 상대의 변화하고 싶은 마음이 꺾이지 않도록 배려합니다. 그럴수록 사람들은 자기가 무엇을 해야 하나 생각하고, 자기 행동에 더욱 책임지려고 하죠.

스케일로 말하기는 매우 유용하지만, 유의해야 할 점이 있습니다. 0~10까지의 숫자는 '점수'가 아니라는 사실이에요. 이는 현재의 상태에 대한 각자의 인식일 뿐이죠. 수업 시간에 스케일로 말하기 연습을 해보면 많은 학생들이 이를 점수로 생각하고 '자신은 몇 점이다'라고 말하는 경향이 있습니다. 또 맨 처음 말하는 학생은 비교적 튀지 않는 숫자 5나 6

정도를 말하고, 다른 학생들은 이를 기준 삼아 자신의 스케일을 한두 단계 높거나 낮게 잡곤 합니다.

하지만 스케일을 점수로 생각하고 남과 비교하면 스케일로 말하기의 효능을 제대로 누릴 수 없어요. 스케일은 어떤 경우에도 다른 사람과 비교하거나 그 반응을 혼동해서는 안 됩니다. 이것은 자신의 상태를 알기 위한 각자의 직관적이고 주관적인 수치이며 본인에게 의미 있는 것이라는 점을 분명히 해두고 싶습니다.

텍사스주립대학교 경영대의 로버트 힉스Robert F. Hicks 교수는 스케일을 단순하지만 가장 활용도 높은 코칭 도구이며, 사람들을 문제가 아닌 해법에 집중시키는 훌륭한 말하기 방법이라고 말한 바 있습니다.[30] 사람마다 자기 스케일을 알고 말하는 것은 매우 좋은 습관입니다. 이때 대화자는 지금껏 잘하고 있는 부분을 강조하고, 다음 단계를 함께 계획하며, 발전의 징후를 확실히 하는 역할을 하면 좋아요.

생각은 말로써 실체가 됩니다. 그전에는 에너지였던 것이 입 밖으로 나오는 순간 현실이 되는 것이죠. 스케일로 말하기는 모호함이 분명해지고, 할 수 없는 것에서 하나둘씩 할 수 있는 것을 이루게 해주는 성공적인 대화의 도구이니 자주 사용해보자고요.

스마트SMART하게 목표 말하기

자신의 목표를 세우고 이에 대해 말할 때는 무엇보다 '스마트'하게 해야 합니다. 이때 '스마트SMART'는 사전적 의미로 보기보다, 다음의 말하기 요소들을 지칭하는 영어단어들의 앞글자를 따서 만든 말이라고 보시면 됩니다.

구체적인 것 Specific 목표가 모호하면 이루기도 막막합니다. 구체적이고 선명하게 목표를 말해보세요. 막연히 "돈을 많이 모아야지"라고 하는 것보다 "앞으로 20년간 월급의 20퍼센트를 따로 모아 수익이 보장되는 펀드에 투자하겠어"라고 말하는 편이 훨씬 더 확실한 목표를 보여주겠죠?

측정할 수 있는 것 Measurable 목표를 달성했을 때 무엇을 보고, 듣고, 느끼게 될지 확실한 이정표를 말해보세요. "건강해지는 것이 목표야"라고 말하는 것보다 "올해는 담배를 끊고, 주3회 이상 운동을 하고, 콜레스테롤 수치를 정상 범위로 낮출 거야"라고 말하는 것이 목표 달성 여부를 알기에 좋습니다.

이룰 수 있는 것 Attainable 목표는 성취할 수 있는 것이어야 하니, 작은 것에서 큰 것으로 단계적으로 시행하는 것이 좋습니다. "2 정도의 발표 능력을 10으로 끌어올리겠어"라고 하기보다는 "현재 바닥인 자신감을 6 개월 내에 3까지 올리고, 발성 연습을 해서 큰소리로 말하기를 한두 단계 향상시키겠어"라고 말해야 하는 거죠.

관련 있는 것 Relevant   목표는 당신과 상관있고 의미 있는 것이어야 합니다. 따라서 "무엇이 중요한데?" "이 목표를 이루는 것은 나에게 어떤 의미가 있지?" "그러기 위해 무슨 일까지 할 수 있는데?" 하는 질문을 던질 필요가 있습니다.

시기적절한 것 Timely   마감 시간은 우리를 얼마나 부지런하게 만드는지 모릅니다. 그렇다고 너무 촉박해서도 안 되죠. 가장 현실적으로 시간을 정하는 게 좋습니다. 목표는 지키라고 세우는 거니까요.

칭찬은 고래도
춤추게 한다지만

많은 사람들이 인정받기를 원하죠. 그런데 가만히 살펴보면, 제대로 인정해주고 제대로 인정받는 사람은 그리 많지 않은 것 같습니다.

'인정해주는 게 중요하긴 하지. 그렇다고 인정해주는 법을 따로 배우고 공부까지 해야 하나?'

이런 생각이 드는 분들도 있겠지만, 결론부터 말하자면 그렇습니다. '인정하기'는 우리가 흔히 생각하는 '칭찬하기'와 매우 다르기 때문입니다.

'칭찬'보다는
'인정'

　　　　　다이어트에 성공한 친구가 흥분을 감추지 못하며 말했습니다.

"드디어 해냈어. 체중이 3킬로그램이나 줄었어. 매일 현미밥을 먹고 아무리 힘들어도 산책은 거르지 않았거든. 그리고 눈에 보이는 간식은 다 치워두었어. 이제 전보다 한결 숨쉬기가 좋아."

여러분은 이런 말에 보통 어떻게 반응하시나요?

"정말 대단하다."
"잘 했네."
"어쩐지, 좋아 보여."

이렇게 말하는 것은 칭찬입니다. 칭찬은 "오늘 넥타이가 근사하네" "이번 과제, 참 잘했어요"처럼, 말하는 사람 입장에서의 평가를 반영합니다. 그래서 칭찬은 베푸는 쪽에 가깝습니다.

누구나 칭찬을 받으면 기분이 좋아집니다. 하지만 좋은 대화는 단순히 좋은 기분을 만드는 것이 아니죠. 무조건적인 칭찬과 치어리더식의 환호는 상대와 나를 모두 발전시키지 못합니다.

인정하기는 칭찬하기와 다릅니다. 이것은 상대를 알아주는 것입니다. 칭찬이 베푸는 사람 중심이라면, 인정은 상대가 어떤 사람이고 그에게 중요한 것이 무엇인지를 알아주는 것이죠. 즉, 누군가를 인정한다는 것은 내가 보기에 그가 잘한 것을 칭찬하는 것이 아니라, 그의 용기와 선택, 행동 등을 알아봐주는 것입니다. 그러니, 인정을 잘 하기 위해서는 상대가 어떤 사람인지, 그가 중요하게 생각하는 것이 무엇인지부터 알아야 합니다.

"체중을 감량하는 게 너에게 왜 그렇게 중요했는지 이제 알겠네."

"외모만 변한 게 아니네. 목소리에도 자신감이 넘쳐서 참 듣기 좋다."

"지난주에 말한 실천 계획들을 모두 지켰다니, 대단하네."

이렇게 제대로 '인정하기' 위해서는 상대의 말에 관심을 갖고 제대로 그의 말을 경청해야 합니다. 좋은 대화의 기본은 상대에 대한 관심과 존중, 여기에 그가 성장하기를 바라는 마음이라는 점을 명심하세요.

제때, 섬세하게
인정하기

인정하기는 언제 하는 것이 좋을까요?

바로 상대가 중요하다고 생각하는 것을 이뤘을 때, 새로운 것을 배우거나 발견했을 때, 재능과 강점에 대한 확신이 필요할 때, 과거에 잘한 일을 상기시켜 문제를 해결하도록 해야 할 때, 인정하기는 큰 힘을 발휘합니다.

좋은 대화자는 인정하기를 통해 상대가 중요하게 생각하는 목표를 이뤄내도록 지지를 보내고, 때로는 그에게 도전정신을 불러일으키기도 합니다. 인정을 많이 받은 사람일수록 자신감이 넘치죠. 자신의 능력을 믿고 다른 사람을 의지하지 않으며 변화를 이끕니다. 그러니, 제대로만 할 수 있다면 인정하기는 자주 할수록 좋아요.

기분 내키는 대로 칭찬을 베풀기보다는 제때 잘 인정을 해주세요. 상대의 장점과 자원을 알아봐주고, 크든 작든 상대가 기여한 바를 섬세하게 인정해주는 겁니다.

 "세운 계획을 다 실행했다니, 기쁘네요. 이것이 우리 부서
에 어떤 영향을 줄까요?"
 "이번 주 깨달은 것이 최종 목표와 어떤 연관이 있나요?"
 "이번 프로젝트를 하면서 어떤 점을 인정받고 싶나요?"
 "그래서 집중하고 있는 것은 무엇인가요?"
 "필요한 것이 무엇인지 알고 있어서 든든하네요."
 "잘 되고 있다는 사인이 있나요? 작은 것이라도 좋으니 말
해보세요."
 "자신감이 생겼다니 다행이군요. 그럼 이번에는 무엇을 더
해볼까요?"
 "다른 사람들은 어떻게 말하던가요? 그럼 계속해서 무엇을
하면 좋을까요?"

 이런 말이 항상 오가는 조직이라면 일할 맛이 나지 않을
까요? 작은 변화와 성과까지 인정해주는 조직에서는 선순환
이 일어날 수밖에 없습니다. 제대로 인정받는 분위기가 조성
되면, 사람들은 자발적으로 잘 하는 일을 찾아서 하게 마련
이니까요.

자신의 가치를 인정받는 것이 얼마나 행복한 일인지, 그 효과는 얼마나 대단한지 몰라요. 인정해주는 말이 습관이 되어 술술 흘러나오다면, 이미 여러분은 훌륭한 대화 상대라고 할 수 있습니다.

인정하기가 어렵다면
KEAS

그렇다면, 어떻게 인정을 해야 잘 하는 것일까요?

무엇보다 진심을 담아 정직하게 그리고 구체적으로 상대의 모습을 비춰주면 됩니다. 상대는 자신의 말이 세심하고 주의 깊게 경청되었음을 알아차릴 때 자연스럽게 마음을 열게 마련입니다. 칭찬은 고래도 춤추게 한다지만, 상투적이고 의례적인 칭찬의 말은 사람을 변화시키지 못합니다. 말이 목소리와 표정, 행동과 일치하지 않으면 누구나 금세 알아차릴 수 있거든요.

그래도 여전히 "좋아요!" "멋져요!" "정말 훌륭해요!" "당신이 자랑스러워요!" 정도의 표현밖에 떠오르지 않는 대다수의 사람들을 위해, 한 코치가 KEAS(지식Knowledge, 감정Emotion, 태도_Attitude_, 기술_Skill_)라는 모델을 제안했습니다.[31] 이는 인정받는 사람에게 초점을 맞춰 그의 속사람_Inner Character_을 알아주는 구체적인 방법이죠.

"드디어 해냈어. 체중이 3킬로그램이나 줄었어. 매일 현미밥을 먹고 아무리 힘들어도 산책은 거르지 않았거든. 그리고 눈에 보이는 간식은 다 치워두었어. 이제 전보다 한결 숨쉬기가 좋아."

KEAS를 이용해 이 말에 대한 '인정하기'를 해볼까요?

- **상대의 지식**_Knowledge_을 인정
  "체중 감량이 너에게 얼마나 중요한 일인지 알 것 같아. 무엇을 해야 할지 혹은 하지 말아야 할지를 잘 알고 있구나."
- **상대의 감정**_Emotion_을 인정
  "얼마나 기분 좋은지 말 안 해도 알겠네요. 목소리에서 생기가 느껴져요."
- **상대의 태도**_Attitude_를 인정
  "이번엔 단단히 결심했나 봐요. 꼭 성공하리라 믿어요."

- 상대의 기술 Skill을 인정

"당신의 성실함과 의지에 감탄했어요. 간식거리를 숨겨 두는 것은 정말 좋은 아이디어 같아요."

인정받고 싶어 하는 자녀 혹은 아내나 남편에게 그들이 사용한 지식, 감정, 태도, 기술에 대해 구체적으로 말해주세요. 그들은 관심을 가지고 자신의 말을 들어준 것에 감동하면서, 더 좋은 모습을 보여주려 노력할 것입니다.

타인 인정하기에 자연스럽게 익숙해지기까지, 우선 나 자신을 인정하는 연습을 하는 것도 좋은 방법이에요. 먼저, 내가 최근 잘 한 일이나 거둔 성과에 대해 어떤 지식과 감정, 태도, 기술 등을 사용했는지 리스트를 만들어보세요. 그리고 그것을 큰 소리로 읽어보고요. 이렇게 스스로를 인정하고 격려하는 말을 하는 것은 자존감을 키워주고 스스로를 유능하다고 느끼게 해줍니다.

이런 연습이 어느 정도 익숙해지면, 이를 주위 사람들에게도 적용해보세요. 제대로 인정하고 또 인정을 받으면 얼마나 뿌듯해지는지 경험해보면 알 수 있을 거예요. 이런 말을 자주 하면 할수록 다른 이들의 단점보다는 장점들이 더 많이 보일 것입니다.

의외로 쉽지 않은
'축하의 말' 잘 하는 법

골프 중계를 보다 보면 "우승도 해본 사람이 한다"는 말을 자주 듣게 됩니다. 그만큼 선수들은 늘 첫 번째 승리에 목말라하게 마련인데요. 막상 첫 승리를 거두기가 하늘의 별 따기인 스포츠가 바로 골프입니다. 재미있는 것은 한번 우승을 경험한 선수는 연승 행진을 하기도 한다는 사실입니다. 어째서 그런 걸까요?

답은 바로 '기량'이 아닌 '자신감'에 있습니다. 자신감은 분명 승리를 경험한 사람만이 얻게 되는 혜택이니까요. 그래서일까요. 골프는 흔히 '자기 자신과의 싸움'이라 불리기도 합니다.

승리의 경험은
왜 중요할까

　　　　　　　　우리의 삶에서도 성취 경험은 매우 중요합니다. 성취 경험이 많을수록 무엇을 어떻게 해야 하는지 더 잘 알게 되죠. 어떻게 자신의 강점을 사용하고 시간과 자원을 분배해야 할지, 어떻게 위기를 극복하고 승리해야 하는지 경험하는 것은 커다란 경쟁력입니다.

　성취 경험의 중요성을 보여주는 예로, 명예의 전당에 이름을 올린 세계적인 프로 골퍼 박세리 선수의 일화가 있습니다. 중학생 시절 연습 라운딩을 할 때 그녀의 아버지는 공이 떨어지는 곳에 숨어 있다가 잘 맞은 티샷을 20야드 정도 앞으로 옮겨 놨다고 합니다. 자신의 비거리가 생각보다 많이 나가는 것을 경험하게 된 그녀는 점점 골프가 재미있어지고 자신감이 붙었죠. 그렇게 자신감을 심어주자, 박 선수는 어린 나이에 프로들도 치기 어려운 60대 스코어를 여러 번 기록합니다. 그녀의 아버지는 성취 경험을 통해 자신감을 심어주는 훌륭한 코치의 역할을 했던 셈입니다.[32]

　이후 박세리 선수는 때로 다 잡은 승리를 놓치기도 하고, 연장전까지 가는 접전을 경험하기도 하면서, 점점 승리하는 법을 배워갔습니다. 어처구니없는 실수와 실패조차도 승리를 위한 소중한 밑거름이 되는 경험을 차곡차곡 쌓아갔던 것이죠. 처음부터 메이저 대회 우승을 하는 선수는 없습니다. 작은 경기부터 시작해 승리의 경험을 쌓아갈 때 마침내 위대한 승리를 거둘 수 있다는 것을, 모든 훌륭한 운동 선수들은 온몸으로 증명해냅니다.

마찬가지로, 좋은 대화자일수록 승리의 경험을 활용할 줄 압니다. 스스로 성취하고, 승리한 경험을 기억하고, 축하하죠. 보통 '승리'라고 하면 엄청난 것만을 떠올리는데요. 작은 것부터 하나씩 승리해나가는 것이 얼마나 중요한지 깨닫고, 작은 승리들에 대해 스스로 축하의 말을 아끼지 말아야 합니다. 좋은 대화자는 다른 사람에 대해서도 인내심을 갖고, 성취 경험이 쌓이도록 축하의 말을 아끼지 않습니다. 부디, 지적과 비판의 말은 줄이고 인정과 칭찬의 말을 넘치도록 하셨으면 합니다.

축하의 말은
말에 그치지 않는다

저에게는 잊을 수 없는 고등학교 시절의 기억이 하나 있어요. 길고 긴 기말고사 기간이 끝난 어느 날

오후, 시험이 끝났다는 사실만으로 하늘을 날 듯 홀가분해하던 제게 한 친구가 물었습니다.

"영어 시험 잘 봤니?"

저는 공부를 열심히 하지 않은 것치고는 아는 문제가 많이 나와 매우 기뻤던 참이었어요.

"응, 정말 다행이야."

그런데 돌아온 대답이 뜻밖이었죠.

"잘난 척하기는!"

친구는 퉁명스럽게 말하며, 못마땅하다는 표정을 지어 보였습니다. 저는 참 억울했죠.

"그럴 거면 왜 물어봤냐고!"

이렇게 말하고 싶었지만, 그러지는 않았어요. 그때 저는 누군가가 시험을 잘 봤느냐고 물으면 "그냥 그래"라고 대답해야 한다는 것을 배웠습니다.

만약 그 친구가 축하하기를 미리 연습했더라면, 저에게 그런 상처 주는 말을 하지는 않았을 거예요. 비단 그 친구뿐일까요. 축하의 말은 누구나 쉽게 할 수 있는 것이라고들 생각하지만, 현실은 다릅니다.

우리는 남을 인정하거나 축하하는 일에 익숙지 못해요. 게다가 자신이 한 일에 대해 자랑스럽게 말하는 것을 겸손하지 못한 행동으로 여기기도 하죠. 그런 문화 속에서 성장했기 때문일까요? 온종일 힘들게 음식 장만을 해 상다리가 휘어지도록 잔칫상을 차려놓고도 "차린 건 없지만 많이 드세요"라고 하는 말을, 저는 다른 나라에선 들어본 적이 없습니다.

불행한 일을 겪은 친구에게는 여럿이 모여 이런저런 동정과 충고의 말을 보태기 바쁘지만, 정작 잘된 친구나 가까운 형제·자매의 이야기는 잘 들어주질 못합니다. 오죽하면 사촌이 땅을 사면 배가 아프다는 말이 있을까요.

축하의 말은 말에 그치지 않아요. 다른 사람이 잘한 일, 성장한 일을 자기 일처럼 기뻐하는 것은 그 사람의 인품, 즉 힘든 세상을 격려하며 함께 살아가는 동반자로서의 됨됨이와 그릇을 보여주죠. 그 성숙한 마음에 끌려 가까이하고 싶은 사람, 신뢰할 수 있는 사람으로 기억되는 것입니다.

축하는 한 사람이 이뤄낸 것의 성과와 그 가치를 제대로 인정하고, 앞으로도 잘하리라는 믿음을 진심으로 나누는 행위입니다. 또한 그 사람의 학습 방법이나 속도, 중요하게 생각하는 것 등을 존중하고, 그의 작은 변화에도 기뻐하며 힘을 주는 것입니다. 평소에 믿고 존경하는 사람으로부터 진심 어린 축하를 받는 것은 때때로 인생을 바꿀 만한 소중한 경험이 되기도 하죠.

축하의 말은
동반 성장의 시작

그렇다면 어떻게 축하해야 할까요? 남들과 비교되지 않는 자신만의 창의적인 방법으로 얻은 성과에 대해 진심 어린 응원과 축하를 받는다면, 어려운 순간에도 포기하지 않고 앞으로 나아갈 힘을 얻게 될 것입니다.

"축하해!"

이런 짧고 흔한 말 대신, 힘을 주고 축하의 마음을 드러내는 다양한 표현들을 찾아보세요. 그럴 때 우리의 대화는 풍성해지고, 우리의 영향력은 훨씬 더 커질 것입니다. 또 우리에게서 힘을 얻은 사람은 다른 누군가에게 자신이 받은 응원을 기꺼이 나눠줄 것입니다. 이런 것을 '동반 성장'이라고 부릅니다.

"우승도 해본 사람이 한다?"

축하도 해본 사람이 잘할 수 있습니다. 그 효과를 경험해본 사람은 시키지 않아도 가치 있는 말하기를 스스로 실천할 것입니다. 여러분 자신과 주변 사람들의 크고 작은 승리를 아낌없이 축하하며, 새로운 도전을 위한 힘을 축적해나가길, 마음의 그릇을 점차 키워나가길 간절히 바랍니다.

축하를 잘하기 위한 관찰 포인트

- 아주 작은 것이라도 괜찮아요. 상대에게서 축하할 만한 점을 찾아봐주세요.
- 어떻게 말해야 진심이 전해질까요? 다양한 각도로 고민해보세요.
- 앞으로 더욱 발전할 수 있는 부분이 보인다면, 이에 대해 칭찬해

주세요.

- 새롭게 발견된 능력이 있는지 주목해보세요.

- 다르게 본 면이나 믿음 가는 면을 알아봐주세요.

- 칭찬받을 만한 성품과 장점을 봐주세요.

- 다른 사람이 미처 보지 못한 그만의 보물을 발견해주세요.

- 최고로 잘 되면 어떤 존재가 될 것 같은지 말해주세요.

쉬자는 말이
절실히 필요한 때

"나 좀 쉴게."

"야근 좀 그만해야지."

"그냥 이 순간을 즐겨야겠어."

각계각층의 다양한 사람들을 만나 대화를 나누다 보면, 유독 성공 지향적인 사람일수록 이런 말들에 죄책감을 느낀다는 걸 알 수 있었어요. 이들은 막상 목표를 이루고 나서도 그 순간을 충분히 즐기지 못하고, 다음 목표를 세우기 바쁘죠. 이미 얻은 승리는 당연한 것이 되고, 다음의 승리를 위해 더욱 채찍질을 가할 뿐입니다.

경주마처럼 열심히 달리는데도 채찍을 맞는 심정은 어떨까요? 많은 사람들은 이런 모습이 열심히 사는 것이라고 말하지만, 정말 그럴까요? 사실, 이는 자기 자신에게 매우 폭력적인 일입니다.

제가 아는 한 미국인 교수는 매일 새벽 4시에 일어나 출근을 합니다. 수년간 보아온 그의 근면함과 성실함에 감탄한 저는 그에게 이렇게 일찍 출근하는 이유를 물어봤죠. 성공한 전문가의 멋진 철학을 기대한 저는 의외의 답변에 깜짝 놀라지 않을 수 없었습니다(물론 내색은 하지 않았지만요).

"불안해서요……."

그는 집에 있으면 불안하다고 했습니다. 바쁘게 움직여야 안심이 되는 삶을 이미 이십 대부터 살아왔다고 하면서요. 중국, 인도 등 세계 각국에서 온 인재들과 경쟁해야 했던 그는 다음과 같이 말하며, 심각한 수면 부족과 쉼 없는 생활을 당연시했습니다.

"저만 그런가요. 다들 그러고 살아요."

번아웃은
전 세계적인 현상

우리는 흔히 서구 사람들이 우리보다 일과 삶의 밸런스를 중시한다고 생각합니다. 그런데 실제로는 꼭 그렇지도 않지요. 미국인들도 근로자의 52퍼센트가 휴가를 포기할 만큼 일중독에 빠져 있다고 합니다.[33]

완벽주의자 성향이 짙은 사람일수록 자기 자신에게 엄격하고, 최고가 되기까지 쉬지를 못합니다. 문제는 그 '최고'라는 것의 실체가 불분명하다는 데 있습니다. 그러니까, 끝이 없다는 것이죠.

저와 비슷한 일을 하는 사람들만 봐도, 처음에는 학교를 졸업하기까지 혹은 좋은 대학원의 입학 허가서를 받기 전까지는 안심할 수 없다고 말해요. 하지만 막상 교수가 된 다음에도 정년 교수 심사에 통과할 때까지, 많은 연구비를 받고 최고의 과제를 수행할 때까지, 은퇴 전에 의미 있는 논문을 쓰기까지 멈출 수 없다고 말합니다. 계속해서 '이뤄내야 할 일'이 생겨나는 것이죠.

이렇게 끝도 없이 목표를 바꿔가며 앞으로 달려가는 사람들은 몸이 어디 한군데 고장이 나거나, 관계가 심각하게 망가지기까지 제대로 쉬지 못한다는 공통점을 가지고 있습니다. 성공에만 치중한 나머지 인생의 다른 영역이 심각하게 훼손되고 있다는 사실을 알지 못하죠. 베스트셀러 작가인 웨인 뮬러Wayne Muller는 바쁜 삶에 대해 이렇게 말합니다.

"우리는 바쁘면 바쁠수록 그만큼 스스로를 더 중요한 인물인 양 생각하고, 남들에게도 내가 그렇게 비칠 것이라고 추측한다. 친구와 가족을 위한 시간이 없는 삶, 황혼을 음미할 시간이 없는(혹은 해가 이미 진 것조차 알지 못하는) 삶, 심호흡한 번 할 시간조차 없이 정신없이 일에 쫓기는 삶, 이런 모습이 성공한 인생의 모델이 되어버렸다."[34]

에너지를 모두 소진한 나머지 무기력해지는 '번아웃Burnout' 현상은 전 세계적으로 심각한 추세여서, 2015년 프랑스는 노동 개혁 법안을 통과시켜 초과 근무를 제한하기도 했습니다. 우리나라에서도 2018년부터 주52시간 근무제를 단계적으로 도입하기도 했죠. 이미 다른 여러 나라에서도 퇴근 후 '연결되지 않을 권리'를 챙기는 분위기입니다.

하지만 여전히 많은 사람들이 휴식 없이 일하기를 강요당하고 있어요. 이로 인해 생기는 문제들을 적극적으로 상담 혹은 코칭받을 수 있는 형편도 안 됩니다.

쉼에 대한
생각을 바꾸면

　　　　하지만 어떤 상황에서도 우리에게는 여전히 할 수 있는 것이 있습니다.

첫째, 쉼에 대한 우리의 생각을 바꿔야 해요. 쉼은 시간 낭비 혹은 형편 되는 사람만 하는 것이라는 생각을 바꿔야 합니다. 쉬는 것은 몸이 회복할 기회를 주는 것이므로, 우리 모두 쉬어야만 한다는 사실을 믿으셔야 해요. 제대로 쉬어야 사건과 사물을 보는 관점이 달라지며 뇌가 최적으로 작동한다는 것. 이는 이미 과학적으로 입증된 사실입니다.

생각을 바꾸면 쉬면서 느끼는 감정도 따라 바뀌죠. 더는 불안감이나 죄책감이 들지 않습니다. 제대로 쉬어야만 생산성과 창의성이 높아진다는 것을 확실히 안다면, 쉬면서 막연한 불안감이 든다거나 내가 뒤처지는 것만 같은 느낌이 들지 않을 거예요.

무엇보다, 열정이 없어서 쉬는 게 아니라 일을 잘하기 위해 쉰다고 당당히 말할 수 있어야 합니다. "쉬고 싶다"는 말을 "나는 의지가 약하다"는 말과 동일하다고 여기는 인식을 버리세요. 이것은 우리 모두에게 꼭 필요한 말입니다. 말이 바뀌면 그에 따라 행동도 바뀔 수 있습니다.

"저 다음 주에 연차 냅니다."

"집중해서 일할 땐 일하고, 쉴 땐 쉬자고."

"김 과장, 왜 빨리 휴가 날짜를 안 잡는 거야?"

"잘 쉬는 것도 능력이지."

"없는 동안 잘 커버해줄 테니, 안심하고 놀다 와요."

"부장님은 이번 휴가 어디로 가시나요?"

이런 말들을 되도록 많이 사용하세요. 특히 여러분이 리더라면 더 솔선수범하셔야 합니다. 좋은 리더는 먼저 자신의 말을 바꿔 건강한 본보기가 되어야 하니까요. 쉼을 인정하는 문화를 이끌어가며 사람들이 쉼에 대한 새로운 관점을 갖도록 도우셨으면 합니다.

다람쥐 쳇바퀴 돌듯 달려온 자신에게 그리고 주변 사람들에게 "쉬어도 괜찮아"가 아니라 "온전히 쉬어야 해"라고 말해주세요. 불안한 마음을 일로 가리는 것은 잠시의 위안을 줄 수 있을지 모릅니다. 하지만 진정한 휴식은 우리에게 일로 얻을 수 없는 기쁨과 평화, 능력을 가져다줍니다.

다시 한 번 강조하지만, 이런 말은 윗사람이 먼저 해줘야 효과가 있어요. 윗사람의 영향력과 말의 능력이 합쳐질 때 가장 효과가 크다는 점을 기억해야 합니다.

나에게 필요한 질문

불안한 마음에 제대로 쉬어보지 못했다면, 시간을 내어 다음과 같은 질문들을 스스로에게 던져보세요.

"살면서 계속 최고가 되는 것은 어떤 의미인가?"

"그렇게 되지 않으면 어떤 일이 생기나?"

"오늘 하루 쉬면 무슨 일이 일어나나?"

"내가 아니면 안 된다는 마음을 내려놓으면 어떻게 될까?"

"일과 삶의 균형은 어떠한가?"

"시간을 내어 자신의 감정을 들여다보라. 어떤 감정이 올라오는가?"

"나는 지금 몇 마력으로 달리고 있으며, 언제까지 그럴 수 있다고 생각하나?"

"몸에 이상이 생기지 않으리라는 믿음은 도대체 어디서 오는 것인가?"

"그럼 언제 편하게 쉴 수 있나?"

"그땐 내 곁에 누가 있을까?"

"나는 지금 얼마나 고단한가?"

"가장 가까운 사람들이 요즘 나에게 어떤 말을 하는가?"

어떻게 쉬어야
잘 쉰 것일까

그래도 여전히 쉬는 것이 불안하다는 분들을 위해, 쉼에 관한 의미 있는 연구들을 소개해드리려고 합니다. 하버드대학교 의과대학 연구팀은 잘 쉬는 것이 우리 몸에 어떤 영향을 주는지에 관해 살펴보았는데요. 결론부터 말하자면, 충분한 휴식을 취했을 때 면역력이 높아지고, 신진대사가 좋아지며, 몸의 여러 기관들이 제 기능을 발휘한다고 합니다.

잠은 기억력에도 큰 영향을 주는데, 특히 새로운 것을 학습하기 전이나 후가 중요합니다. 인간의 뇌에서는 대부분 잠을 자는 동안 많은 변화가 일어납니다. 일단 잘 자고 나면, 일에 대한 동기 부여도 잘 되고 더 나은 판단 능력과 좋은 기분을 얻게 됩니다. 이처럼 우리 몸은 구조적으로 충전을 위해 충분히 쉬어야 하며, 그랬을 때 행복감을 느끼고 더 많은 일을 할 수 있는 것입니다.

반대로, 휴식 없이 과도하게 일하면 신경세포가 정보를 제대

로 받아들이거나 학습하지 못합니다. 또 같은 사건을 경험하고
도 인지 능력이 떨어지고, 결과적으로 수행 능력도 떨어지죠.
뿐만 아니라, 잠이 부족한 사람은 우울 증상을 나타내기도 합니
다. 과로하는 사람의 특징은 늘 잠이 부족하고 예민하며 집중력
이 떨어진다는 것인데요. 식사도 불규칙하게 하고 운동도 거르
기 일쑤여서, 비만과 심장 이상, 탈진, 수명 단축 등이 일어나기
쉬운 것으로 조사됐습니다.[35]

한편 미국의 한 미래학자도 휴식에 대해 재미있는 연구를
했습니다. 노벨상이나 퓰리처상을 수상한 뛰어난 과학자와 작
가들의 삶을 조사했는데, 이들은 모두 완전히 집중해서 일한 다
음 푹 쉬는 패턴을 가지고 있었습니다. 그들은 4~5시간 집중
해서 일하고 산책이나 낮잠 등의 긴 휴식 시간을 가졌는데요.
그들의 탁월함의 비밀은 일하지 않는 나머지 20시간을 어떻게
보내느냐에 달려 있는 것으로 나타났습니다. 한마디로, 얼마나
오래 일하느냐가 아니라 어떻게 쉬느냐가 중요하다는 것이
죠.[36] 풀지 못했던 문제가 잠을 자고 난 뒤 저절로 풀리거나,
무심히 산책하다 새로운 아이디어를 얻은 경험이 이제 이해가
되실 거예요.

자, 이제 쉼이 얼마나 중요한지 알았으니, 하루를 세심히 설
계할 차례입니다. 가장 중요한 것은 내가 가장 효율적으로 일할

수 있는 시간을 정해 집중적으로 일하고, 쉴 때는 편안히 마음을 놓아버리는 연습을 하는 것입니다. 아침에 일찍 일어나기 힘든 분들은 자신의 리듬에 맞는 직장을 구하거나 그게 힘들다면 최소한 출근해 오전에는 회의 등 함께할 수 있는 업무를 주로 하고 오후에는 혼자 집중해서 할 수 있는 업무를 한다든지 해서 일의 흐름을 조정할 수 있겠죠.

쉴 때는 어떻게 하는 것이 좋을까요? 물론 어떻게 쉬든 일을 멈추고 쉬는 것은 좋은 것입니다. 그런데 대다수의 신경과학자들은 아무것도 안 하는 것보다는 능동적으로 쉬는 것Active Rest이 더 효과적이라고 말합니다. 운동을 하든 취미활동을 하든 가만히 있는 것보다 몸을 움직이면서 쉬는 것이 좋은데, 이는 창의성을 담당하는 뇌가 집중하지 않을 때 가장 활성화되기 때문이라고 합니다. 또한 움직이며 쉴 때 에너지 회복이 더 빠르다고 하고요.

위대한 지도자 윈스턴 처칠Winston Churchill의 취미는 그림 그리기였습니다. 쉬는 시간마다 그림을 그리며 스트레스와 우울에서 벗어날 수 있었다고 하죠. 제2차 세계대전을 승리로 이끈 그가 그림을 그리며 천국을 맛보았다고 하니, 그림이 얼마나 큰 쉼과 평안을 주었는지 짐작할 만합니다.

영국을 대표하는 소설가 찰스 디킨스Charles Dickens는 매일

30킬로미터 정도를 산책한 것으로 유명합니다. 그는 쉬는 시간 마다 걸었고, 걸으면서 사람들을 관찰했습니다. 그가 걷던 거리를 걸으며 관찰한 많은 사람들은 그의 작품 속에서 다양하고 개성 있는 인물들로 창조되었죠.

이제, 성공하기 위해서는 잘 쉬어야 한다는 말에 동의하시죠? 각자의 상황과 형편에 맞게 쉬어가는 연습을 해보자고요. 바쁘지 않은 날은 하루도 없을 테니, 먼저 쉬기로 결단해야 합니다. 바쁜 업무 중 짧은 산책이나 낮잠 자기 실험을 해도 좋아요. 퇴근 후 강아지와 산책하기, 게임하기, 새로운 취미 갖기를 해도 좋고요. 시간이 여의치 않다면 시간을 정해 몰아서 노는 것도 좋은 방법입니다.

중요한 것은 무엇을 하든 미루지 말고 당장 오늘부터 실천하는 것입니다. 쉬어야 더 건강하고, 생산적이고, 창의적이며, 행복하기까지 하다는데, 쉬지 않을 이유가 무엇인가요?

"쉬어가도 괜찮아!"

서로에게 더 자주 하면 좋을 말, 우리 모두에게 필요한 말입니다.

감사의 말

이 글을 쓰기까지 저에게 영향을 준 세상의 모든 것들에 따뜻한 감사의 마음을 전하고 싶습니다. 지금껏 만나온 수많은 사람들, 그동안 읽어온 책들, 위대한 정신적 지도자와 세계적인 석학의 강연들! 제게 지식과 지혜를 주었든 혼란과 고통을 주었든, 과거의 모든 경험은 오늘의 저를 있게 했습니다. 그리고 하나님은 빛 가운데 모든 것을 조명하고 다시 해석할 기회를 주셨습니다. 내 모든 책의 첫 번째 독자이자 때때로 지도 교수가 돼주는 남편 Moon에게도 특별한 감사를 전합니다. 또 미국에서 전화번호 하나 들고 날아온 저를 믿고 추진력 있게 출간을 결정해준 출판사 측에도 감사하다는 말씀을 드리고 싶습니다.

—
주
—

1장 | 마음의 소리까지 들을 수 있다면

1 C.S. Lewis, *The Lion, the Witch and the Wardrobe in Tales of Narnia*, London: Collins/WH Smith, p.219.

2 https://coachfederation.org/core-competencies.

3 https://en.wikipedia.org/wiki/Albert_Mehrabian.

4 Robert F. Hicks, *Coaching as a Leadership*, 2014, Routledge, New York, p.59.

5 https://coachfederation.org/app/uploads/2017/12/ICFCompetencies LevelsTable.pdf.

6 Alfred Korzybski, *Science and Sanity*, 1933, Institute of General Semantics, New York.

7 조셉 오코너Joseph O'connor · 존 시모어John Seymour, 《NLP 입문*Introducing NLP*》, 2010, 학지사.

8 같은 책.

9 Sue Knight, *NLP at Work: The Essence of Excellence* 3rd Edition, 2009, Nicholas Brealey Publishing, London.

10 George A. Miller, "The magic number, plus or minus two: Some limits on our capacity for processing information", *Psychological Review* 63(2):81-97, 1956.

2장 | 질문 하나로 사람이 바뀔 수 있다니

11 김동광, '교육과 사상연구', *The Korean Journal of Educational Idea* 제21권 1호, 2007, pp.67-81.

12 Shelle Rose Charvet, *Words That Change Minds: Mastering the Language of Influence* 2nd Edition, 1997, Kendall/Hunt Publishing Company, Iowa.

13 https://coachfederation.org/core-competencies.

14 존 휘트모어John Whitmore, 《성과 향상을 위한 코칭 리더십Coaching for Performance》, 2007, 김영사, p.50.

15 https://coachfederation.org/code-of-ethics.

3장 | 긍정적으로 말하면 뇌도 건강해져요

16 Hippocrates, *The Genuine Works of Hippocrates*, 1886, W. Wood and company, New York.

17 Daniel G. Amen, *Change Your Brain Change Your Life*, 2015, Harmony Books, New York.

18 같은 책.

19 같은 책.

20 같은 책.

21 같은 책.

22 같은 책.

23 같은 책.

24 David D. Burns, *Feeling Good: The Mood Therapy*, 2008, Harper, p.15.

4장 | 말하기를 바꾸니 문제가 술술

25 Paul Z. Jackson · Mark Mckergow, *The Solutions Focus*, 2012, Nicholas Brealey International.

26 같은 책.

27 존 휘트모어John Whitmore, 《성과 향상을 위한 코칭 리더십Coaching for Performance》, 2007, 김영사.

28 같은 책.

29 Jay Haley, *Uncommon Therapy: the Psychiatric Techniques of Milton H. Erickson, M.D.*, 1973, Norton, New York, p.24.

5장 | 삶에 빛이 되어주는 말의 기술

30 Robert F. Hicks, *Coaching as a Leadership*, 2014, Routledge, New York, p.109.

31 Teri-E Belf, Special Edition Choice: the magazine of professional coaching, http://www.choice-online.com/wp-content/uploads/choice-Curated-collection-1.pdf page 17.

32 http://www.nocutnews.co.kr/news/924987#csidx1933aeaab017853a6c0e09610cdd9d5.

33 https://www.bankrate.com/finance/consumer-index/money-pulse-1216.aspx.

34 Wayne Muller, *Sabbath: Finding Rest, Renewal, and Delight in Our Busy Lives*, 2000, Bantam Doubleday Dell, New York.

35 http://healthysleep.med.harvard.edu/.

36 Alex Soojung-Kim Pang, *Rest*, 2016, Basic Books, New York.

-기타 참고문헌: Tony Stoltzfus, *Coaching Questions: A Coach's Guide to Powerful Asking Skills* 1st edition, 2008, Pegasus Creative Arts.

오늘부터
말공부를
시작합니다

1판 1쇄 발행 2018년 9월 3일
1판 1쇄 발행 2018년 9월 10일

지은이 김선에스더

발행인 양원석
편집장 김효선
디자인 RHK 디자인팀 박진영, 김미선
해외저작권 황지현
제작 문태일
영업마케팅 최창규, 김용환, 정주호, 양정길, 이은혜, 신우섭,
　　　　　　유가형, 임도진, 우정아, 김양석, 정문희, 김유정

펴낸 곳 ㈜알에이치코리아
주소 서울시 금천구 가산디지털2로 53, 20층 (가산동, 한라시그마밸리)
편집문의 02-6443-8863　**구입문의** 02-6443-8838
홈페이지 http://rhk.co.kr
등록 2004년 1월 15일 제2-3726호

ⓒ김선에스더, 2018, Printed in Seoul, Korea

ISBN 978-89-255-6450-0 (03320)